沟通心理学入门

完全图解版

陈艺　编著

中国纺织出版社有限公司

内 容 提 要

现代社会，会不会说话太重要了，而要说好话，就要做好沟通。沟通是一种双向的语言活动，良好的沟通离不开心理学，懂心理才能让你了解他人心理，提升沟通效率。

本书就从心理学角度入手，教会读者看人、知心、交流的技巧，通过活泼、生动的案例，深入浅出地向我们阐述了如何识人察人、读懂潜台词和参与人际沟通，让我们轻松掌握各种场景下的沟通技巧，帮我们达成所愿。

图书在版编目（CIP）数据

沟通心理学入门：完全图解版 / 陈艺编著. — 北京：中国纺织出版社有限公司，2022.3（2024.11 重印）
ISBN 978-7-5180-8322-0

I. ①沟… Ⅱ. ①陈… Ⅲ. ①人际关系学—社会心理学—通俗读物 Ⅳ. ① C912.11-49

中国版本图书馆 CIP 数据核字（2021）第 019607 号

责任编辑：张　宏　　责任校对：高　涵　　责任印制：储志伟

中国纺织出版社有限公司出版发行
地址：北京市朝阳区百子湾东里 A407 号楼　邮政编码：100124
销售电话：010—67004422　传真：010—87155801
http://www.c-textilep. com
中国纺织出版社天猫旗舰店
官方微博 http://weibo.com/2119887771
鸿鹄（唐山）印务有限公司印刷　各地新华书店经销
2022 年 3 月第 1 版　2024 年 11 月第 3 次印刷
开本：880×1230　1/32　印张：7.5
字数：89 千字　定价：59.80 元

前言

亲爱的朋友，在你生活和工作的周围，不知道有没有遇到这样的人，他们看起来能力并不突出，外貌也不出众，但在他们所在的圈子里，他们就是如鱼得水，就是“混”得好，仿佛无论他们到哪里，都很受欢迎，他们总是能受到上司的器重、客户的关照，所以，他们比别人更容易成功。

其实，他们并不是有什么通天的本事，而是因为他们掌握了说话和与人沟通的技巧，他们说出的每句话，都能让别人感到愉快，而且，他们似乎总是能用语言引导别人，仿佛他们天生就是能做到“呼风唤雨”，也许你敬佩甚至是不服气他们的成功，并在心中疑问，他们到底是怎样做到的呢？

其实，你完全也可以做到这一点。不过，要想让你说的话产生积极的效用，就要从心出发，攻心为上。因为真正的沟通能力，不只是拥有滔滔不绝的说话能力，更重要的是我们有见机说话的技巧，善于说话的人不一定说得很多，但是，他们说过的每一句话都能够恰到好处。而之所以那些善说者能将话说到点子上，是因为他们能够通过语言来影响他人的心理，说出对方想听的，了解对方所担心的、顾虑的，这样，就找到了与他人进行良好沟通的那把钥匙。

可见，良好的沟通离不开心理学。的确，在这个世界上，最难以捉摸的是一个人的心理，为此，一定要“攻心”，以“心”为重。所以，我们在训练自己沟通能力的同时，还要掌握一定的心理学知识，学会察言观色，了解对方的心理，以此来决定什么时机该说什么话，不该说什么话，或是该说多少话。

《沟通心理学入门：完全图解版》这本书就能帮你做到这一点。本书是从心理学的角度出发，全面系统地揭示了心理学在沟通中的运用。懂点沟通心理学，它可以使你摆脱无所适从的困惑。这样，无论是在与陌生人的交往中，还是在职场中，或是在商业销售与谈判中，你都能够使用本书所提到的心理沟通技巧，让你在与人沟通中畅通无阻。

本书除了从心理学的角度进行原理和方法的讲解外，还引用了丰富多彩的案例，这些案例能够开拓你的思维，有很好的借鉴作用，同时，也便于你理解本书中提到的各种沟通原理、技巧。

当然，要提高你的沟通能力，那并不是一朝一夕就能做到的，需要你进行长时间的认真练习，按照本书中提供的方法进行训练，相信日后你会成为一个对语言沟通驾轻就熟的人。

编著者

2021年12月

目录

第1章

用心说话，用心理学搭建沟通的桥梁

心理学家认为，语言和心灵是相映的，如果我们能够懂得一些心理学，破解对方的心理，那么，我们就能清除双方的心理屏障，拉近彼此的距离。由嘴及心的操控术，其心理学的秘密在于“攻心”。有时候，说同样的话，但产生的效果却各不相同，如何才能让自己的语言影响他人的心理呢？说话与心理之间又存在何种密切关系呢？

说话时借用语速影响他人心理

语言是我们用来表达思想、交流感情、抒发胸臆的工具，同时，也是心理、感情和态度的自然流露。而语速作为语言表达的一部分，其实暗藏玄机，语速的快慢缓急将直接影响他人的心理状态。在日常生活中，我们会发现每个人都有自己相对固定的说话方式，而语速却不是相对固定的，快慢有别才能有效地传情达意，同时又能令对方感到悦耳动听；如果语速不当，缺乏快慢变化，那就很难准确、恰当地表达出自己的想法，也会使对方感到厌烦。而且，语速的快慢也会影响对方的心理，比如，势如破竹的语速往往会给对方带来很大的压力，而过于缓慢的语速则让对方猜不透你心中的真实想法。

一个人的语速通常反映其情绪，而他的情绪将透过语言表达影响到他人的心理。当一个人激动时，他的语速就会不自觉地加快，声调也会提高，无形之中就会给他人带来一定的心理压力。相信我们都没有见过耳语般吵架的情景，也没有看到谁用唱歌的形式作报告，一个慌张的人肯定不会用读圣经的语速来告诉我们他所遇到的危机事件，而一个人也不会用慢条斯理的语速来表达他激动的心情。

用心说话

在日常交际中，更多的时候我们是根据表达思想感情的需要来确定语速的快慢的。比如，在表达一般的内容时，语速适中，既不太快，也不太慢；当表达兴奋、激动、愤怒的思想感情时，语速会变得很快；当表达庄重、怀念的思想感情时，语速则放得很慢，娓娓道来。

语速突然加快或放慢基本上都是由情绪所控制的，同时，语速的快慢也能反映出人的内心世界，而这样的一些心理暗示将间接传递给对方，继而影响对方的心理。

1. 语速过快会给对方不安的感觉

在增强声音的感染力方面有一个很重要的因素就是讲话的语速。在平时的说话中，若语速太快，所传递的气息就是急促、不安、混乱的，也会给对方造成不安的感觉，所营造的气氛就不可能温馨。而且，对方可能还没有听清楚你在说什么，你的话就已经结束了。

2. 断断续续的语速表达一种炙热的情感

这样的情况多出现在青年男女身上，他们一旦面对自己心仪的对象，平时又快又急的语速突然变得含含糊糊、断断续续，这就是一种“我喜欢你”的心理暗示。

3. 语速由快转慢，引起对方注意

有可能你正在诉说一件事情的时候，发现对方开小差了，这时候可以把平常过快或中等的语速放慢，强调某种观点或某件事。这样做是为了引起对方的注意。

4. 语速由慢转快，表达愤怒的情绪

当我们遭到了对方无端的猜疑或者当自己的利益、自尊受损时，会不由自主地加快自己的语速。这就是对无端指责的一种愤怒情绪的表达，或者是反击对方的言语行为。

用心说话

我们在与他人进行交流时，经常会出现这样的情形：偶遇很久不见的朋友，激动情绪促使我们语速飞快地将上次分别后的经历全部吐出来；而当我们在诉说一件伤心的事情时，语速则会自然地放慢。

说话慢条斯理的人多理智温和

在现实生活中，我们经常遇到这样一类人：他们说话比较慢，而且很有逻辑性、条理性。有这样说话特点的人大多见于长者，他们给人的感觉很温和，永远处于一种不温不火的状态，而且，他们在分析某些问题的时候，理性大于感性，能够恰到好处地指出事情的利害之处。

一个人说话有条理就注定他说话的速度不能太快，因为他还要花时间将自己想说的话整理整理，把自己脑中的信息编排一下次序再说出来，这样可以体现出他有很强的目的性和逻辑性。

说话速度不能太快，自然是一字一句说清楚，速度慢了下来，言语自然就有了温和的感觉，因为我们从来没见过一个说话像机关枪似的人会表现出温和的姿态。

因此，如果你想成为一个温和而理性的人，那么，在说话之前，你需要知道自己的目的是什么，或者先想好了再说话，以免言多必失。说话慢而有条理的人，无论他们说话的时间长短与否，他们都可以轻松应对，而且，在整个说话过程中都能保持思路清晰，条理分明。

用心说话

其实，一个人的说话方式能直接反映其性情特点。一个人说话慢，那表示他正在思考或整理脑中的信息，自然会放慢说话的速度。在说话的过程中，他展现在人们面前的形象自然是温文尔雅、做事有条理。相反，在生活中，有些人说话总是一副急躁的样子，第一句话尚未说完，舌头就已经开始打转，第二句话也快出来了，这样的人说话没有条理性，在他们身上自然体现不出温和与理性来，而如此急性子的人，他们经常会做一些缺乏思考的糊涂事。

在一所驾校里，平日听到学员们讨论最多的话题并不是自己学到了什么技能，而是“我们教练特别凶、我们教练总骂人”之类的抱怨。其实，教练在教授学员时很辛苦，不仅要忍受风吹日晒，而且要不停地纠正学员的动作。但是，为什么教练如此辛苦换来的却是更多学员的抱怨呢？

众所周知，驾驶技术不像其他技能，掌握熟练的操作技巧是保证自己和他人生命安全的第一步。因此，教练在教授学员时通常十分认真，不敢马虎，可纠正了几遍之后，发现学员的动作还是不对，他就会急躁，甚至口不择言地骂人。

一个人说话语速过快，他就会陷入急躁的状态，这时，他已经丧失了理性的思考，逮到哪句就说哪句。结果可想而知，说出来的话往往是缺少思考的。其实，说话慢而有条理性，还有一个好处就是能让对方更好地接受自己所说的话。

说话急促，速度较快，结果，大家根本没听清楚他在说什么，而不慌不忙，慢条斯理，如此的说话方式既显温和，又很有条理，大家听后心中就有底了。“温和”有两层含义：一是指说话的方式温和，二是指所说的内容温和。说话方式温和，自然是指开口说话的时候，以温和、安详、委婉的语调和语气说话，既是如此的语调，那自然是速度较慢的说话方式；所说的内容温和，是指所说的内容真实可靠、实事求是，有逻辑性和条理性。如此看来，那些说话慢而有条理的人，性情大多是温和而理性的。

用心说话

教练如果想要教授学员驾驶技能，那么，他说话常常缺乏条理性，张口就是：“抓着方向盘别放手……脚踩刹车……”这时，学员就会疑惑地说：“教练，我到底该怎么办呢？”

用心说话

教练这样说：“今天练得不错，要是油门踩得再轻一点就更好了”“没问题，考试时你就这么做肯定能过，不要紧张”……说出几句温和的话，学员自然就不紧张了，方向盘就能抓得更稳了，会更有效地掌握动作要领。

夸夸其谈的人往往心焦气躁

在日常生活中，我们经常可以看到那些喜欢自我吹嘘的人。他们喜欢自我吹嘘是希望达到“贬低他人，抬高自己”的目的，但事实上，他们却无法如愿以偿，只不过是图嘴上一时痛快而已。

其实，喜欢自我吹嘘的人很容易给人以不实在的感觉，给人留下不好的印象。他们经常会有意或无意地贬低别人，有时候，他们可能并没有想要这样，但在说话时总是一味地强调自己，周围的人听了就会感觉到他们在抬高自己，贬低旁人。然而，他们之所以喜欢自我吹嘘，是源于内心的焦虑。

每个人通常希望自己在各方面都做得很好，包括家庭、生活、工作等。他们喜欢在公众场合吹嘘自己的能力，极力强调自我的价值并乐此不疲。

比如，有的人习惯说“我们家房子好像太小了，打算再买套新的”，其实，实际生活却是不管自己的经济能力，一定要买个大房，房屋贷款供款的压力换来的是“家庭生活不愉快”，在这样的心理焦虑下，他们不得不吹嘘自己的能力，以此获得一种心理上的平衡。

用心说话

由于在他们内心深处有诸多的焦虑，潜意识里他们会转移注意力，尽可能地想从自己优秀的方面来找到平衡点。以至于他们稍微有了一点能力就自我吹嘘、自以为是，在自我陶醉的同时，最容易忘乎所以，导致做事的时候漏洞百出，以致影响原本和谐的人际关系。

1. 获得一种心理平衡

喜欢自我吹嘘的人，其根源是心理补偿，他们吹嘘自己是为了掩饰内心的不安、焦虑。而自我吹嘘可以消释内心的焦虑，弥补心理落差，在心理上达到自我理想的境界。对于一些人来说，吹嘘就是用语言来卸去身上的沉重负担，卸去社会和家人对他们的期待与苛求；而对于能力较弱的人来说，自我吹嘘就是一种麻醉品。当然，自我吹嘘如果只是稍稍高于自己的实际情况，这属于正常的心理范围，一旦吹嘘得很离谱或完全不符合逻辑，这就是一种精神异常的表现。

2. 弥补内心的不自信

自信是治愈内心焦虑的必要前提，他们对自己没有信心，对自己完成和应付事情的能力表示怀疑，夸大了自己失败的可能性，从而变得忧虑、紧张和恐惧，为了增加自信，他们在说话时就有一种吹嘘自己的成分。偶尔的吹嘘会帮助他们释放一部分压力，每增加一次自信，焦虑的程度就会降低一点。

3. 赢得心理博弈的优势

有的人突然出现“喜欢吹嘘”的情况，也许是因为工作压力比较大，需要借助大量的话语来提高自信、降低内心的焦虑程度。于是，他们企图在刻意“贬低”别人的同时，赢得心理博弈的优势。

“口吃”者多半内心自卑

听说，有这样一个口吃的男青年，说到他的“口吃”就很有意思，他的口吃有点像数学里的“增函数”，当他遇到的人地位越高，官衔越大，那么，他的口吃就越厉害。相反，若是遇上官衔不如自己、地位比自己低的人，而他则一点也不“口吃”。

在这里，“口吃”并不是生理疾病，因为他在面对不同说话对象的时候，他的“口吃”毛病是时有时无的。既然“口吃”不是生理缺陷，那就是心理上的问题。

有的人平时说话很流畅，一上台讲话就容易出现“口吃”，他们想通过一些仪器、药物来进行治疗，却发现一点效果都没有。这是为什么呢？因为他们忽视了一个严重的问题：“口吃”主要是心理上的问题，是在无数次自卑、害怕、逃避中形成的。事实上，那些说话偶尔“口吃”的人，他们缺乏自信，其内心是自卑的。

与人交往，有一定的恐惧心理是很正常的，但千万不要被恐惧、紧张的情绪所控制。要克服内心的自卑，对自己有信心，你才不会被自卑绑住手脚，从而轻松自如地与他人交往。

用心说话

在陌生的社交场合与人交谈的时候，许多人都会体验到不同程度的畏惧心理，而那些性格内向且有偶尔“口吃”的人的体验将更明显一些。他们害怕与人交往的心理过于严重，在与他人交谈的时候，他们经常伴有心慌、气短、出虚汗、面红耳赤、张口结舌、手足无措的现象，越怕，越不能克服，“口吃”的现象就越严重。

“口吃”的心理病症的本质在于内心的自卑。当一个人自卑的时候，他们往往很在意别人对自己的看法，尤其很在意那些自己比不上、认为很重要的人的看法。而这样的过分惧怕引发了他们的紧张心理，最终就表现为某种具体的心理症状，诸如口吃。

在中外历史上，有许多名人也曾经是“口吃”患者。如春秋时期的管仲、英国前首相丘吉尔，且当代文学家沙叶新也曾经患过口吃，他写了一篇名为《我曾经是……是个结巴》的文章，在文章里，他这样写道：“我很小就患口吃……因为‘同志’的‘同’字怎么也说不出来。憋了老半天，非得重重地一跺脚，才能说出来。每次跺脚时‘嘭’的一声巨响，声震四座……上了高中以后，因为发表了诗歌和小说，很受同学的尊重，自信心随之增加，口吃也逐渐地不治而愈。到了大学，更是踌躇满志，自信甚至有点自负，口吃更是消逝得无影无踪……”如此看来，自卑是引发口吃的原因之一，而治疗这种口吃的最佳途径则是克服内心的自卑。

1.“口吃”是一种心理问题

有口吃患者曾提出了这样一个问题：“口吃矫治的方法都大同小异，大都是心理疗法、发音法、呼吸法等，但是，我在矫治班里明明已经不口吃了，可回到现实生活中，遇到特殊的场合，还是会复发，这是怎么回事呢？”

其实，他的问题恰恰说明了“口吃”虽与遗传的生理因素有一定关系，但主要是一种心理问题，且其根本在于克服内心的自卑。如果你对自己还是缺乏自信，那么，即使你在矫治班已经说得很流利，但回到现实环境中也还是会口吃。这个道理很简单，因为你仍然十分在意或惧怕别人怎么看你，你的内心仍然充满了自卑。

2. “自卑”心理问题的具体表现

自卑的人一般都比较敏感脆弱，经不起挫折打击。一旦遭受挫折，就很容易意志消沉，自卑感增强。另外，自卑的人心理防御机制多数是不健全的，自我评价多数偏低。因此，他们在遭受挫折与失败的时候，往往怨天尤人，轻视自己，不能客观地分析环境与自身的条件，如此造成心理上的失衡。

唠唠叨叨、没完没了的人听不进去别人的意见

在生活中的话痨，所指的当然也是那些话非常多的人。从早到晚，他们的嘴巴似乎就没有闭合过，他们会不停地告诉朋友：什么化妆品好用、哪里出了最新的杂志、哪里开了一家新店、自己买了哪款新衣。这些在别人看来很小的事情，他们却想让全世界的人都知道，结果导致身边的人非常反感他。最让人受不了的是，对于同样一件事情，他们会在不同的时间、不同的地点，对同样一个人说同样的话。比如，他们发现了某种游戏特别好玩，就会疯狂地发信息、打电话：“这个游戏真的很好玩，你试试吧”“今天晚上一起去哦，你要记得啊”。诸如此类的信息轰炸让朋友直呼“受不了”，而又不能简单地敷衍他们。不过，如此的话痨者，他们是不善于听取他人的意见的。

同事们逃避、不欢迎的态度，话痨们似乎一点儿也察觉不到，依然我行我素。就连领导对他提出的意见，他也不愿意接受，还为自己找借口：“说几句话怎么了，又不犯法？”其实，这就是话痨典型的想法，他们总认为自己说的就是对的，对于别人说什么，他们丝毫不理会，依然很快乐地以自我为中心。

用心说话

“话痨”在生活中很常见，顾名思义，就是话特别多，而且，说话很唠叨，就像痨病患者的咳嗽一样多，喋喋不休。

1. 以自我为中心

在生活中，话痨者说话一般都是“我怎么怎么样”“你那些都是错的，你要怎么样怎么样”，尤其是在与别人发生争执的时候，他们常常是以这样的口吻针锋相对。话语中彰显出强烈的个人主义，在他们看来，自己所说的才是真理，其他人都需要听自己的。而对于别人的建议或者看法，他们就当是耳边风，从来听不进去。

用心说话

典型的话痨常常以自我为中心，不善于听取他人的意见，并且也察觉不到身边人对他回避和不欢迎的态度，我行我素，也不会倾听他人。

2. 说话的时间多，倾听的机会少

话痨者说话的时间比较多，当别人在说自己的看法或观点的时候，他们依然滔滔不绝，其根本原因在于他们根本不想听取别人的意见，他们只在意自己说了什么。

第2章

运用心理技巧，沟通中迅速获得他人的好感

许多人认为心理学比较玄乎，难以运用到人际沟通中来。其实心理学并没有那么神秘，它与我们的日常交际有着极为密切的关系，甚至是决定我们沟通成败的重要因素之一。在很多时候，沟通之所以产生障碍并不是因为口才方面的问题，而是因为心理策略不到位。在人际交往中，只有掌握了沟通心理策略，才能打开沟通之门。在本章将介绍一些常见的沟通策略与技巧，使你能够轻松自如地提高自己的沟通能力，让他人不在嘴上为难你，继而改善你的人际关系，全面提升你的个人影响力。

说话有礼有节，展现你的良好素养

有些人很健谈但说出的话却不那么好听，给人的感觉总是很别扭，使人唯恐避之不及，究其原因，就在于说话时少了礼貌的措辞。说话礼貌是一个人素质的直接体现，也是能够赢得对方尊重的先决条件。有的人说话不礼貌，这样不仅会令人厌烦，而且最终只能导致沟通失败。尊重别人就是尊重自己，无论我们在社会上扮演了什么角色，有着什么样的身份，礼貌一直是维持人际关系不断互动的规则。

有位士兵骑马赶路，临近黄昏还没找到客栈，这时他看见前面来了位老农便高喊：“喂，老头儿，离客栈还有多远？”老人回答：“五里！”士兵策马飞奔十多里，仍不见人烟。“五里、五里”，他猛地醒悟过来，“五里”不是“无礼”的谐音吗？于是他掉转马头赶回来亲热地叫了一声：“老大爷。”没等他话说完，老农便说：“你已错过了路，若不嫌弃，可到我家一住。”

语言本是思想的衣裳，它可以直接表现出一个人的高雅或粗俗。同时，语言交流是一种心灵沟通，要想使彼此之间的沟通畅通无阻，就应该得体地运用礼貌措辞，这样才会让对方感到的温暖，使自己与他人的感情很快变得融洽起来。

用心说话

一个说话礼貌的人走到哪里都会大受欢迎，而一个习惯于出口不逊的人，无论如何都得不到别人的喜欢和尊重。

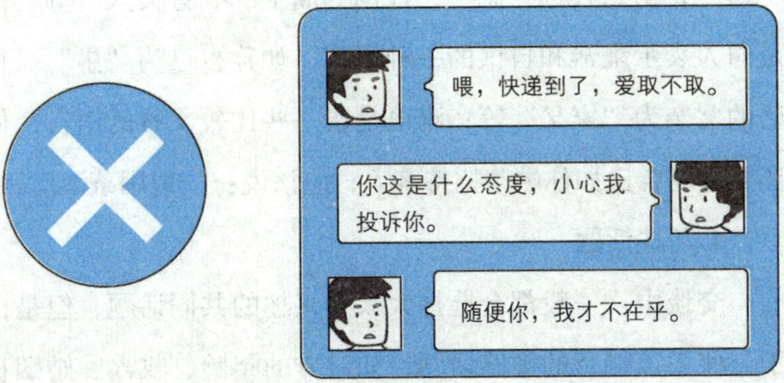

何谓礼貌措辞？其实就是我们日常交际中所使用的“敬语”与“谦词”，使用这些口语可以体现出对他人的尊重。

1. 丰富礼貌用语

在平时生活中，我们习惯这样打招呼“你吃饭了吗？”“你到哪里去？”这样的日常用语显得过于单调、乏味，同时，也缺乏应有的礼貌。这时候，我们应该丰富自己的礼貌用语，如“早安”“你好吗？”“请代问全家好”等。

2. 使用礼节性语言

语言的礼节就是寒暄，有一些最常见的礼节语言惯用形式，比如，问候语“您好”，告别语“再见”，致谢语“谢谢”，致歉语“对不起”，回敬语“没关系”“不要紧”“不碍事”等。

3. 养成使用敬语、谦词、雅语的习惯

敬语也就是敬辞，表示尊敬礼貌的词语。我们常用的敬语“请”，第二人称“您”，代词“阁下”“尊夫人”等；谦语是向人表示谦恭和自谦的一种语言，如称自己为“愚”、称自己的父亲为“家父”等；雅语是指一些比较文雅的语言，使用还要分场合比如你端茶招待客人，应该说：“请用茶”。

4. 巧选话题

交谈中，一般都会选择大家感兴趣的共同话题，但是，对于一些不该触及的敏感话题，如对方的年龄、收入、婚姻状况等，应该尽可能地避开。询问对方这样的信息，就是不礼貌和缺乏教养的表现。

用心说话

丰富自己的用语，使平常单调乏味的语言变得礼貌而亲切，更能够获得别人的好感，从而顺利建立起良好和谐的人际关系。

说话贴合人心，别人才愿意接纳

聪明人在说服对方的时候，懂得去暗合对方的心理，这样能让他人感到受尊重。当然，在说话时利用语言来暗合对方的心理，需要“合”得巧妙，千万不能让对方看出破绽。在日常生活中，面对不同的场合、不同的对象，每个人都有自己不同的心理需求。当我们在与他们进行语言交流的时候，需要从对方的言语中明白其心理需求，或者通过察言观色来洞悉对方的心理，然后通过语言表达来暗合对方的心理，令对方无法反驳。

每个人都有自我的一面，都有一些禁忌不能被触碰。鉴于这样的心理特点，为了获得对方的好感与信任，我们需要了解对方的心理需求，同时，还需要通过语言来暗合对方的心理，这样才会说服对方，令对方无法反驳。

那么，在日常交际中，我们该如何来暗合对方的心理呢？

1. 适时赞美，满足其虚荣心

在日常交际中，赞美的话不可或缺，它就如沁人心脾的淡淡花香，会在不知不觉中悄悄渗入对方的心灵之中，让他们沉醉不已。比如“经理，您把那事谈成了？怎么谈的呢？以后您可得教教我，我要拜您为师”。

用心说话

关注对方的心理需求，根据不同场合、不同对象，说出暗合对方心理需求的语言，令对方心生喜悦。

2. 把话说到心窝里，满足其自尊心

每个人都有脆弱而敏感的自尊心，因此，我们在说话时要考虑到对方的自尊心，适时把话说到对方的心窝里。比如“小伙子，你提出的建议真不错，我好好考虑，真是谢谢你”，对方听了这样的话，会觉得自己所做的很值得，心理得到了极大的满足，也就不会再有什么反对意见了。

用心说话

说话要注意避开对方心中的禁忌，不要说出让对方难堪和痛苦的话来。关注对方的心理禁忌，才能暗合对方心理，从而有效地说服对方。

多谈他人想听的话题，使沟通顺利进行

著名口才大师卡耐基说："即使你喜欢吃香蕉、三明治，但是你也不能用这些东西去钓鱼，因为鱼并不喜欢它们。你想钓到鱼，必须下鱼饵才行。"

简单地说，当我们在与对方进行语言交流的时候，需要"忘记"自己的兴趣与爱好，用对方的兴趣和爱好来展开话题，这样会使彼此之间的沟通更加顺畅。在沟通过程中，谈论对方的兴趣与爱好，这样能让对方有受重视、受尊重的感觉，继而赢得了对方的好感与信任。所以，赢得好感与信任的诀窍在于：用他人的兴趣与爱好来展开话题，谈论他们最喜欢的事情，达到影响他人的目的。

一个人的兴趣与爱好是其人生中最看重的一部分，他希望自己的兴趣与爱好能够得到别人的认同与肯定。一旦你在谈话中巧妙地契合了他的兴趣所在，他就会转变之前的冷淡态度，开始滔滔不绝起来，在自己感兴趣的话题面前，任何人都会激起一种谈话的欲望。所以，如果你想让对方对你的谈话感兴趣，那就只能以对方的兴趣来展开话题，这样才能有效地影响其心理，令之后的沟通畅通无阻。

用心说话

许多人习惯于谈论自己的兴趣和爱好，从来不考虑对方，这样的人永远不会得到他人的认同。

一位漂亮的女士在一家首饰店的柜台前看了很久，售货员问道："这位女士，您需要买什么？""随便看看。"女士的回答明显缺乏足够的热情。不过，售货员发现这位女士总是有意无意地触摸自己的上衣，好像对自己的上衣很是满意，售货员忍不住说：“您这件上衣好漂亮呀！您的眼光真不错。”“啊？”女士的视线从陈列品上移开了，移到了自己感兴趣的上衣上面，“这种上衣的款式很少见，是在隔壁的百货大楼买的吗？”售货员满脸热情，笑呵呵地继续问。

“当然不是，这是从国外买来的。”女士终于开口了，并对自己的回答颇为得意。“原来是这样，难怪在国内从来没有看到这样的上衣呢。说真的，您穿这件上衣，确实很吸引人。”“您过奖了。”女士有些不好意思了。“只是……对了，可能您已经想到了这一点，要是再配一条合适的项链，效果可能就更好了。”聪明的售货员顺势转向了主题。

在日常交际中，最忌讳彼此沉默不语，或者对方总是一副爱理不理的样子。那么，如何打开对方的话匣子呢？

1. 找到对方的兴趣点

每个人都有自己的兴趣和爱好，因此，在谈话过程中，我们要想办法找到对方的兴趣点。可以在与对方交谈之前做好准备工作，打听对方有什么兴趣和爱好；也可以通过自己的观察或提问来获得对方感兴趣的事情。

2. 话题先从对方的兴趣说起

在沟通过程中，为了获得更多有关对方的信息，也为了满足其自尊心，我们需要让对方尽可能多地说话。所以，话题要先从对方的兴趣说起，这样顺势展开的话题有利于整个沟通的顺利进行。

用心说话

找到对方的兴趣爱好，就能在谈话中充分利用这一话题，从而打开对方紧闭的心扉，与对方建立和谐而友好的关系。

恰到好处的赞美，让他人喜笑颜开

美国历史上第一个年薪过百万的管理人员叫史考伯，他是美国钢铁公司的总经理。记者曾问他：“你的老板为什么愿意一年付你超过100万美元的薪金，你到底有什么本事？”史考伯回答：“我对钢铁懂得并不多，我最大的本事是我会鼓舞员工，而鼓舞员工的最好方法就是真诚的赞赏和鼓励。”其实，史考伯年薪过百万是因为他善于赞美他人。每个人都渴望自己受到别人的赞美，希望自己的价值得到认可，这主要是源于其自尊心和虚荣心。而赞美是一种说话的艺术，合乎人们心理的、精准的赞美言辞会使人感到开心和快乐。在日常交际中，渴望获得赞美的人不计其数，因此，赞美的言辞不可或缺。

卡耐基曾说：“当我们想改变别人时，为什么不用赞美来代替责备呢？纵然部属只有一点点进步，我们也应该赞美他。因为，这样能激励别人不断地改进自己。”赞美，不仅满足了对方的心理需求，还能够增强对方的自信心，使对方不断地取得进步。生活中是不能缺少赞美之词的，有赞美才会有愉悦的心情，才能与他人建立和谐友好的人际关系。

那么，什么样的赞美言辞才能够有效地影响他人心理呢？

用心说话

事实上，我们可以通过赞美的言辞来影响他人的心理，满足其自尊心和虚荣心，从而赢得对方的好感与信任。

用心说话

我们不仅要学会赞美，而且要不吝于赞美，每个人都有闪光点，当我们发现了对方的优点时，就要大方地开口赞美，不能吝于赞美。

1. 赞美对方不为人知的优点

即使再差的人，在其身上也有一两处不为人知的优点，我们都可以巧妙地利用。

2. 赞美要具体而微

在日常交际中，我们要善于发现对方的细微之处，并不失时机地予以赞美，这时候赞美言辞用得越具体就越有效果，如“你今天衣服上的小配饰真的很可爱”。

3. 赞美要有新意

赞美的言辞不能千篇一律，要有新意，一般而言，一些突出个性、有特点的赞美会收到更好的效果。爱因斯坦这样赞美比利时的王后：“您演奏得太好了！说真的，您完全可以不要王后这项职业。”

思维缜密，说话时不要卖弄口舌

在日常交际中，同样是说话，有的人由于词不达意而处处碰壁，有的人却口吐莲花而左右逢源。这是为什么呢？

其实这就是言语的缜密性，前者言语不够缜密，经常被他人抓住“把柄”，后者言语谨慎小心，把话说得滴水不漏。在语言沟通中，无论是赞美他人，还是批评他人，我们都应该谨慎使用语言，把话说得恰到好处，不给对方反驳的机会，不让对方有空子可钻，以缜密的言语来影响他人的心理。

可是，在现实生活中，许多人说话不经过大脑思考就脱口而出，经常会因为言语中出现的漏洞而被对方反将一军，或者自作聪明地卖弄口舌，结果却在无意之间被对方抓住了“把柄”，最终只能以惨败收场。

一旦言语中有了“空子”，就给对方提供了反驳的机会，最后就有可能被对方抓住把柄。所以，为了打赢“说话”这场战役，我们需要谨慎使用每一字每一句，为自己筑起坚固的心理防卫，不让对方抓到把柄，牢牢把握“胜利”的机会。

用心说话

有时候，沟通就是一场语言的战争，谁先露出了破绽，谁就输了。因此，在沟通过程中，语言不仅可以为我们传情达意，而且还能够成为我们的防卫“武器”。

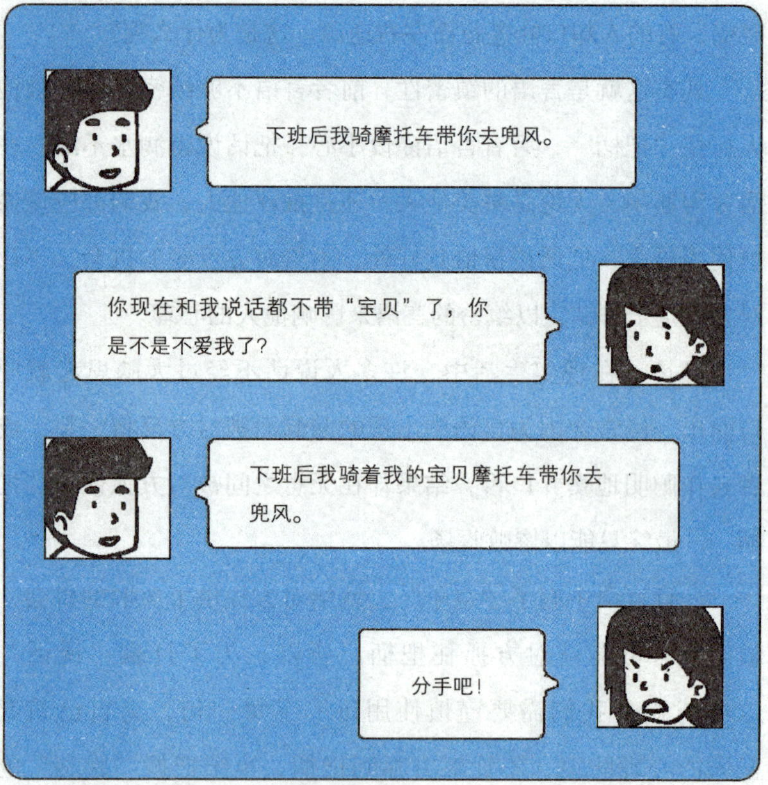

1. 三思而后言

俗话说："三思而后行。"说话也一样，语言经过了大脑的思考才更有说服力，而且，也能经得起对方的"检验"。所以，无论是在什么场合，面对什么人，我们都需要"三思而后言"，这样说出的言语才会显得缜密、谨慎。

2. 懂得随机应变

面对对方咄咄逼人的问题，有可能你会乱了阵脚，于是，那些不该说的话便脱口而出。在这样的情况下，对方很可能会从你的话语中抓住把柄，并且伺机通过言语攻击你。因此，在面对别人的提问时，我们要懂得随机应变，把答案说得滴水不漏，让对方找不到把柄。

第3章

求人帮忙，妙用心理策略让对方伸出援手

在与他人的沟通过程中，我们需要巧用话语攻心策略。“攻心”就是要把话说到对方的心里，在日常交际中，左右逢源、应对自如；相反，不管你的口才有多好，如果你的话不能攻到对方的“弱点”，说得再多也无济于事。因此，我们在求人办事的时候，也需要巧用话语攻心，或是找出对方的心理弱点，或是先“瓦解”对方的心理防线，经过一番言语说辞，让他人乐意为你效劳。

求人办事要大方开口，不要扭扭捏捏

在日常生活中，一个人的能力有限，因此，求人办事是一件再正常不过的事情。但是，许多人羞于开口，他们不肯寻求帮助的理由是害怕给对方添麻烦，或者害怕被对方拒绝而使自己丢面子。其实，求人办事者完全没有必要这样脆弱，假如自己真的需要他人的帮忙，却又带着这样一种心理，就会影响你的“诉求”效果，如此吞吞吐吐、含含糊糊，一开口就令对方心生反感。因此，只要你能放下心理包袱，大方自然地提出自己的诉求，相信大多数人还是十分乐意帮助你的。有时候，给对方一个机会帮助别人，他们也会感到很开心的。所以，在向他人提出诉求的时候，需要巧用话语攻心策略，让对方消除反感，让对方乐意为你效劳。

对于大多数人来说，他们非常愿意给予身边朋友或同事一定的帮助。但是，如果你总是藏着掖着，不敢直接提出自己的诉求，说话吞吞吐吐、含含糊糊，把本来很简单的事情说得很复杂，对方一听就感觉有压力，顿时心生反感，马上就想到了推托之词或者拒绝之语。

用心说话

我们在求人办事的时候，不要总是怀着害怕被拒绝的心情，或者害怕给对方添麻烦的心理，这样只会令你的“诉求”失败，不妨表现得自然大方，诚恳地提出自己的诉求，让对方消除反感。

1. 放松紧张心理

自然大方地提出自己的诉求，就是这么简单，根本没有必要紧张，因为这个决定最终取决于对方，你的诉求是否可行，对方定会有自己的判断。如果你不确信对方能否答应，害怕被拒绝，那可以问问自己，你们之间的关系是否足够密切并经得起拒绝。

2. 注意自己的表达方式

当然，如果不想遭遇对方的拒绝，你需要适当注意自己的表达方式，让对方感觉你诉求的帮助是非常有必要的，比如“这事可能有点麻烦，但对我来说真的很重要”。

3. 放下架子

在日常生活中，向同事或朋友求助，比如请他们延长一些工作的截止时间，或者向他们询问一些意见，这并不会损坏你的形象，也不代表你的能力不够，只是证明你想做好一件事情。所以，有时候需要放下自己的架子，在他们面前承认自己有脆弱的一面，大方自然地提出自己的诉求，让对方消除反感。

主动展示你的“价值”，让对方看到帮助你的益处

有的人在求人办事时会抱着“有事有人，无事无人”的态度，他们把他人的帮助看作是理所当然的行为，当自己的诉求得到了回应，办好自己的事情后就不再理睬对方了。有这样心态的人大多数都会被抛弃，当他们再次需要帮助的时候，相信没有人会给予他们帮助的。

人们会感觉被他们利用了，仅仅一方被“榨取”价值而没有你来我往的互相帮助，人们之间的关系难以长久，这样的人也难以获得友谊。

其实，在日常交际中，人与人之间的交往是建立在互惠互利的基础之上的，没有互惠互利，就没有互信互助。

鉴于人们这样的心理，当他们在面对你的诉求的时候，其实很想知道你是否有一定的“利用价值”，换句话说，他们其实很想知道他们的效劳会不会换来一点回报。于是，在求人办事的过程中，如果你的言语中透露出了自己的“利用价值”，大多数情况下，对方都会乐意帮助你的。所以，作为提出诉求的我们应该尽量展现自己的“利用价值”，以此获得他人的帮助。

用心说话

不能把别人对你的帮助当作理所当然，仅仅利用他人，办好自己的事就再也不理睬他人的人，会被朋友抛弃，再也得不到帮助。

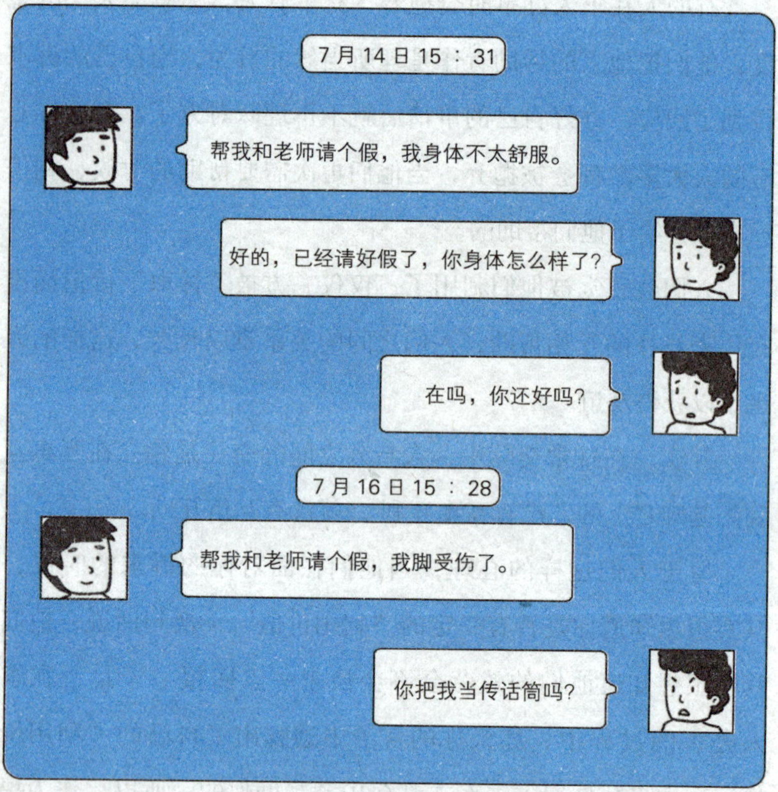

小然换了新房子，可自己对粉刷和装修一窍不通，这时她想到了朋友艳艳，艳艳平时工作不忙，最重要的是她对装修房子很在行。于是，小然拨通了艳艳的电话："艳艳，我是小然，你最近忙吗？要是不忙的话，你来我这里住几天吧，可以当作散心或者旅游，我管你食宿。""行啊。"艳艳爽快地回答。"不过，我这边有点小事需要你帮忙，就是帮我看看房子怎么装修，你不介意吧？"小然提出了要求。"好，没问题。"艳艳一口就答应了。

小然言语里透露出令人欣喜的"利用价值"："来这里住几天""散心或旅游""管食宿"。虽然，这样的"恩惠"是出于朋友之间的亲密关系，但是，对方无形之中也会觉得有点"愧疚感"，白吃白住朋友的，心里多少都有点过意不去。于是，出于心中的那点"愧疚感"，以及给予帮助后的"补偿心理"，对方定会乐意效劳。

1. 给对方一点好处

当你求人办事的时候，不妨给对方一点好处，这样对方也会从中获得一些恩惠。比如"你过来我包你车费，还管你食宿，咋样""前天我妈妈从老家带来了一些特产，你过来拿点吧"。

2. 表明自己的回报之心

在寻求帮助的时候，最好能让对方觉得当他以后有困难的时候，你也一定不会袖手旁观，这样一种互惠互利的"承诺"，会让对方觉得你还是有"利用价值"的。当然，许下的承诺就要做到，否则就有可能失去这个朋友。

用心说话

要想他人为你效劳，就应该大方展现自己的“利用价值”，这会让对方更加乐意为你提供帮助，而那些所谓的“利用价值”，不妨就作为给对方的酬谢了。

言语间展现出投缘，让对方不忍拒绝你

在求人办事的过程中，说服对方最基本的要点之一，就是投其所好，言谈中表达出“志同道合”，这样对方会卸下心理防备，更加乐意为你效劳。如果你总是一味地强调自己的事情有多么重要，或者口若悬河地谈起自己的喜好，这样会令对方心生反感。心理学家认为，如果自己特别强调自己的事情，企图使自己占上风，对方反而会加强防范心理。所以，我们在向别人提出自己诉求的时候，需要避免谈论自己，投其所好，使对方产生一种优越感，继而影响其心理，使对方乐意帮助自己。

在日常交际中，“投其所好”通常被视为一个贬义词，当然，在某些时候是因为有的人有不可告人的目的，但是，如果为了说服对方或者求得帮助，这就是光明正大的“投其所好”。

那么，我们如何做到“投其所好”呢？

1. 模仿对方

我们要学会说话看对象，见什么人说什么话，积极求同。不仅可以模仿对方的口音、语言、身体姿态，还可以依据对方的爱好、职业等特点来装扮自己。其实，每个人都希望他人与自己是同类人，而模仿对方无疑会给对方一种志同道合的感觉。

用心说话

在求人办事的时候，我们需要了解对方的喜好、性格和欲望，揣摩其心理，投其所好，让对方感到愉悦。如此一来，利用兴趣把对方吸引住了，对方才肯为你的事情付出。

2. 从对方的兴趣爱好说起

每个人都有自己的兴趣爱好，如果你表现出对他人的喜好很感兴趣的样子，这会令对方的心情相当愉悦。因此，我们在谈话的过程中，需要了解对方的兴趣爱好，尽可能地先从对方的兴趣爱好说起。

3. 从对方得意的事情说起

所有人都渴望得到他人的尊重与认同，尤其是在自己所取得的成绩上。我们在求人办事的时候，不妨从对方得意的事情说起，给对方戴一顶“高帽子”，这样对方一定会乐意帮助你的。

主动示弱，博得对方同情心

每个人的内心都有最柔软的地方，那里遍地盛开的都是同情之花。实际上，人心都是肉长的，我们在求人办事的关键时刻，不失时机地说一些柔情话语，甚至可以扮可怜状以博得对方的同情，使彼此之间在情感上靠近，并产生共鸣，这就为事情的成功奠定了基础。这种“柔情攻略”的求人办事之术，使对方更加乐意为你效劳。像这种通过言语示弱来博得同情，其目的在于使整个话题重心不偏不倚，使对方获得一种心理上的满足，从而达到影响他人心理的目的，而自己的问题也可以得到圆满的解决。

在日常生活中，只要我们能够合适地运用说话技巧，就很容易达到自己的目的。虽然，“柔情攻略”这种说话方式显得有点“煽情”，但是它却不失为一种很好的说服对方给予帮助的方法。

那么，我们应该如何以示弱的方式打动他人呢？

1. 以情动人

充满感情的话语是能够打动人心的，如果你能够有感情地提出自己的诉求，甚至把自己当下的难堪情境说出来，对方多少都会因为同情而给予你帮助的。

用心说话

在求人办事的过程中，利用话语来博得对方真切同情的说话技巧会给对方一种慰藉，一种体贴。

2. 多进行感情投资

松下幸之助是一个主动进行感情投资的人，他每次看见员工都会亲自上前为其沏茶，并充满感激地说：“太感谢了，你辛苦了，请喝杯茶吧。”正因为平时生活中的感情投资，使员工都乐意为其效劳，从而助他把“松下”做成了国际品牌。

用心说话

注重感情投资的企业，能博得员工的好感，使员工能够主动为企业做出贡献。

主动的亲昵举动，表达你的善意

在日常生活中，小孩子和女人最擅长的就是“撒娇”，往往在撒娇之后，他们都会获得自己想要的东西，这也是一种求人办事的说话技巧。当然，通常情况下，“撒娇”只会出现在亲密的朋友之间或夫妻之间，而且，这样的说话方式经常是被小孩和女人所使用，试想，我们没有见过一个大男人通过“撒娇”来获得帮助吧！而且，通过言语表现出自己的亲昵，以一种撒娇的姿态来赢得对方的帮助，还需要掌握好适当的度。比如，女秘书希望总经理能够帮自己查看一下年度总结，只要稍微示弱就可以了：“总经理，我怕自己弄不好，你先帮我看一看，好吗？”没有必要用那种极度“黏人”“娇嗔”的语气说出来。因此，我们在求人办事的过程中，只需要适当表现自己的亲昵，对方就会乐意帮忙的。

在商业谈判中，面对客户，签单并不是一件容易的事情，但却未必真的不好商量。适当亲昵一些，客户很有可能会“乐意为你效劳”。比如，聪明的女士可能会夸张对方的强势，突出自己的难处：“已经没有利润了，您吃肉，让我们也喝点汤嘛。”这时候撒娇是一种策略上的示弱，使自己变为主动。

用心说话

主动表达亲近，拉近彼此的距离，表达你的善意，会更容易获得对方的帮助。

我们在求人办事的时候，如何通过话语表现得亲昵一些呢？

1.亲切问候

见到对方我们应该致以亲切的问候，拉近彼此之间的心理距离。沟通过程中，亲切的问候可以赢得对方的信任与好感，继而使对方愿意为你效劳。

2. 攀亲带故

赤壁之战中，鲁肃见到诸葛亮时说的第一句话就是：“我，子瑜友也。”这里所说的子瑜，就是诸葛亮的哥哥诸葛瑾，鲁肃是他哥哥的同事挚友。短短一句话就定下了与诸葛亮的交情。其实，我们只要稍微留意，就能发现那些攀亲带故的关系，比如：“您是体育界老前辈了，我爱人可是个体育迷，你我真是‘近亲’啊。”

3. 表达自己的仰慕之情

在谈话过程中，表达出自己的仰慕之情，也可以表现出“亲昵”的意味。这样一说自然会令对方心情愉悦，借机再提出自己的诉求，就不用担心被拒绝了。

用心说话

但是，通过语言表现亲昵一些，你需要把握好尺度、技巧和方式，不是暧昧，不是谄媚，这样才能达到最好的效果。

第4章

心理暗示，三言两语让他人跟着你的思路走

心理学家发现，要想人们的心理活动按照一定的方向去行动，最好尽可能地少用命令的语气提出要求。心理暗示是一种特殊的信息传递方式，它是指在无对抗态度的条件下，用含蓄间接的表达方式对人的心理或行动产生影响。有时候，我们并不明确表示自己的用意，只是用含而不露的语言去影响他人，对方就会在不知不觉中受到影响。而且，由于暗示本身不具备强制的特点，对方在接受暗示时，往往会产生很深影响。在这一章里，我们将为你展示如何用语言来传达心理暗示。

委婉指出对方的不足，不伤他人面子

沟通是一种复杂的社会行为，而每个人自尊心往往在此过程中起重要的作用，稍微触及它，就有可能产生不愉快。所以，对一些只可意会不可言传的事情、可能引起对方不快的事情，比如指出对方的不足之处，往往不能直言相告，只能通过语言暗示来达到目的。在说话时，我们需要真诚，但却不一定要真实，比如对方是一个长相欠佳的人，你一见面就说：“你长得真难看！”相信对方在自尊心受伤的同时也会恶语相向，和谐的人际关系也将随之消失。每个人都好面子，所以，我们在说话时尽量利用语言来传达心理暗示，巧妙提出意见，不伤和气地令对方意识到自己的不足之处。

丘吉尔说：“要让一个人有某种优点，你就要说得好像他已经具备了这种优点。”当身边的朋友遇到困难就畏首畏尾，或者办事时总是犹豫不决时，你可以通过言语来暗示他有实力克服困难。在这一过程中，你已经操纵了他的心理，并引导他走进了你的“布局”，最终他会为此而奋斗，从而改变自己的一些缺点。假如你直接对他说：“你这个人真笨，什么事都做不好。”这样不仅会伤害对方的自尊心，也会伤了彼此的和气。

用心说话

当你给他戴上应该具备某个优点的“高帽”时，由于给他一个良好印象的“定位”，因此，他会在言语中意识到自己的不足。

那么，如何运用一些不伤和气的话来巧妙暗示对方身上的不足之处呢？

1. 委婉含蓄，巧妙暗示

委婉含蓄的语言表达是一种艺术，这样的表达方式比口无遮拦、直言不讳更能体现出自己的修养。直言不讳虽然简单明了，但容易刺伤对方的自尊心，使他人心里产生不愉快的情绪，继而造成人际关系的破裂。而委婉含蓄的表达显得礼貌得体，使对方听起来轻松自在，心情愉快，也更容易令人接受。当你通过语言暗示对方的时候，实际上就已经操控了其心理。

2. 直言直语伤人，何不绕个弯

每个人的心理都是极其微妙的，间接比直接更能产生有效的影响效果。一针见血地指出对方的缺点，尽管你的出发点是好的，但直言直语很容易让别人下不来台。如果你绕个弯，用言语暗示的方式来提醒对方，这样的效果远比直言直语更好。

3. 使用"是的……但是……"这个句式

对别人可以先肯定后否定，学会使用"是的……但是……"句式。比如，一位职工在象棋大赛中得了冠军，但在技术考核中成绩却不理想，车间主任找他谈话时说："是的，你象棋比赛得第一，使我们车间也感到光荣。但是，如果你在学技术时也同样有股钻劲和拼搏精神，技术考核成绩也会领先的，这就两全其美了。"对方在听到夸奖时产生了愉悦的心情，这意味着他已经走进了你布好的"局"，而你也成功地改变了他的观点。

4. 永远不说"你错了"

大多数人都难以向别人承认自己错了，事实上，每个人都有固执己见的毛病。如果对方真的错了，你想让他意识到自己的错误，也应该回避"你错了"等类似的词语。比如，当你直言不讳地指出"你错了"的时候，会给对方的心理造成伤害，这也是自己不想看到的情景。

用心说话

每个人都有固执己见的毛病。如果直截了当地指出“你错了”会给对方的心理造成伤害，引起对方的抵触，也使双方的关系遭到破坏。

劝慰他人，要用积极的暗示语言

当我们身边的朋友伤心难过或者流泪时，我们常常会感到坐立难安：应该予以帮助吗？能帮上什么呢？当朋友痛苦无语时，该如何最有效地抚平他的苦痛与焦虑？通常在这种情况下，我们都会及时地劝慰对方，希望他们能够勇敢地面对生活，走出内心痛苦的阴霾。

在日常生活中，我们总会遭遇这样的时刻：痛失亲人、事业滑坡、失恋离婚……破碎的心需要劝慰，但是劝慰也是需要心理技巧的，不恰当的劝慰会适得其反。当一个人遭遇了挫折或者苦难的时候，他们往往十分消极，甚至绝望，在这时若不给予积极的心理暗示，他们有可能就会继续消沉下去。所以，我们在劝慰的同时，需要通过语言来给予对方积极的心理暗示，帮助他们走出痛苦的阴影，重新扬起生活的风帆。

每个人一定都劝慰过别人，而且大部分人都还认为自己的劝慰方法并没有错。但事实并非如此。比如，有的人这样劝慰失去丈夫的妻子：“我知道，你的爱人死了，没关系，失去了丈夫以后还可以再找。”或者“你已经够幸运了，起码还有胳膊有腿呢！”这样的言语只会让被劝慰者沉默无语。

用心说话

在日常生活中，不恰当的劝慰方式比比皆是。当同事失去亲人时，我们说“别哭了，哭不是办法”；当朋友遭遇失恋时，我们说“失恋的人多了去了，你又不是第一个”；当朋友事业陷入逆境时，我们说“你要坚强，一切总会好起来的”等。心理专家认为，我们最常犯的错误就是没有与对方形成同感共情，也没有将积极的心态传达给对方。

人生有顺境就有逆境，有快乐就有痛苦，快乐的时候，可以不需要别人的祝福；不幸的时候，却必须得到别人的安慰。如果你想要通过语言来操控对方的心理，就要巧妙地通过语言给予对方积极的心理暗示，这样才能达到劝慰的目的。下面的劝慰方式可以起到比较好的效果。

1. “我知道你很坚强”

在日常生活中，我们常常劝慰朋友要怎么样，应该怎么样，其实，这时我们扮演了一个英雄的角色来指导对方，无形之中给对方带来了压力。这时候我们应该这样劝慰：“我知道你很坚强”或者“你有能力战胜眼下的困难”，这会让对方感觉到自己被朋友无条件地接受和肯定，有能力走出目前的困境。

2. 不要急于追问

在对方无法清楚地表达自己的困难时，我们不要急于追问，尽量通过语言给予对方积极的心理暗示，比如“我虽然不知道发生了什么，也不知道应该怎么说，但我真的很关心你”，给对方传递“尊重对方的伤痛，但随时准备帮助他”这样的信息。

3. 帮助他人体验成功

你可以让他回顾自己的成功体验，假如你知道他以前唱歌比较好，你可以说：“听说你以前唱歌……你当时是什么感受？”让他回忆过去，认为自己还是很优秀的，帮助他重新树立起自信心。

用心说话

正确的安慰使朋友感受到你的友善，而不正确的安慰却只会火上浇油。

4.“还有更好的”

当朋友失去了晋升的机会或者错过一次梦寐以求的成功时，我们可以用“还有更好的”来劝慰对方。比如，单位人事变动，朋友却因为种种原因失去了晋升的机会，不妨对他说：“以后还会有一次更大的人事变动，那时候空出的职位会更适合你。”

5.“塞翁失马，焉知非福”

当朋友失意时，不妨以“塞翁失马，焉知非福”来劝慰他。比如“不要把事情的成败看得太重了，凡事退一步，多往好处想”，或者“这是人生的一个转折点，生活也许从此就朝着不同的方向发展，你也会获得意外的收获”。

6.“比上不足，比下有余”

当朋友身处困境时，不妨以“比上不足，比下有余”来劝慰他，让对方觉得自己并不是最不幸的人，提高其自信心，使其更加有勇气来面对现实。比如“虽然从表面上来看是你失恋了，可你不过是失去了一个不爱你的人，但他失去的却是一个很爱他的人，他才是真正的失恋者”。

拒绝要用心理暗示，不伤彼此和气

在日常生活中，我们都不可避免地遇到需要拒绝的人或事，面对别人提出的不合理的要求或者自己不愿意去做的事情时，我们需要说“不”。但是，直接的拒绝将意味着对他人意愿或行为作出否定，无形中会挫伤对方的自信心，甚至伤害对方的自尊心。那么，如何既能保全双方的面子，又能巧妙地达到拒绝的目的呢？我们可以通过语言来向对方暗示说“不”。拒绝也是一种艺术，这样既能达到巧妙拒绝的目的，又不至于让对方产生不快的情绪，这才是最高明的拒绝。在某些时候，我们不得不说“不”，当然，拒绝并不是以伤害他人为目的，而是应以和为贵，尽量在保全双方面子的前提之下进行。

有一天，萧伯纳收到了著名舞蹈家邓肯的求爱信，信中：“如果我们结合，有一个孩子，有着和你一样的智商，和我一样的身姿，那该多美妙啊！”萧伯纳看完信以后，很委婉又很幽默地写了回信，他在信中说：“依我看那个孩子的命运不一定有那么好，假如他有我这样的身体岂不糟糕了吗？”

邓肯收到信以后，明白了萧伯纳的拒绝之意，但她一点也不怨恨萧伯纳，反而成了他最忠实的读者和好朋友。

闲心说话

拒绝的话一向都不好说，说得不好很容易损伤对方的面子，或者让自己陷入尴尬的情境之中。所以，我们在拒绝他人时，需要讲究策略，最关键的一点就是用含蓄委婉的语言来传达“拒绝”的心理。

拒绝是需要讲究技巧的，尤其是语言上的诀窍之处，只有掌握了这些技巧，才会既不得罪人，又能让别人欣然接受。

1. 采用幽默的方式拒绝他人

在拒绝的时候，我们需要考虑对方的面子，而幽默地拒绝恰好可以巧妙地实现这一点，用幽默的方式来拒绝对方，让对方在毫无准备的大笑中失望。比如面对同事相约去钓鱼的要求，“妻管严”丈夫回答：“其实我是个钓鱼迷，很想去的，可结婚以后，这项权利被取消了。”同事听完哈哈大笑，也就不再勉强他了。

2. 委婉地拒绝他人

一位男青年被女播音员优美动听的声音吸引，来信希望见一见播音员本人，对此，播音员在回信中说：“这位听众朋友，首先，我了解你的心情，感谢你的好意。你听过‘知人知面不知心’这句格言吧，看来，交朋友最难的是交心。那么，还是让我们做知心的朋友吧！”女播音员通过语言暗示“拒绝”，而且拒绝方式极其婉转，回应了男青年提出的无理要求。

3. 间接暗示

有时候面对下属提出的建议，上司不忍拒绝，只好委婉地暗示：“这个想法不错，只是目前条件还没有成熟，我觉得你应该把工作重心放在现阶段的主要工作上。”

4. 诱导性暗示

身边的同事或朋友可能会向你打听一些绝密的事情，但原则问题要求你保密。这时候，你不妨采用诱导性暗示，诱导对方自我否定。比如，你可以对他说：“你能保密吗？”对方肯定回答：“能。”然后你再说：“你能，我也能。”

用心说话

有技巧地拒绝既保全了双方的面子，使对方欣然接受，自己也不至于得罪人。

5. 借用他人之口暗示拒绝

如果自己不知道该如何拒绝，你可以借助他人之口把拒绝的暗示语说出来。比如利用公司或者上司的名义进行拒绝，“前几天董事长刚宣布，不准任何顾客进仓库，我怎么能带头违反规定呢”，或者说“这件事我做不了主，我会把您的要求向领导反映一下，您看这样好吗”。

暗示自己的不喜之情，让对方知趣

语言暗示，也就是不明说，而是用含蓄的语言使人领会。在日常交际中的一些场合，许多话都不便于直说，这时可以利用言语暗示来传递一些信息，暗示所采取的是含蓄的语言，但只要对方能够明白你所表达的意思，那么，暗示的目的就达到了。通过大量事实证明，暗示比直言快语更能凸显出表达效果，因为它所表现出来的婉转曲折，总是给人以愉快的心情。

在很多时候，我们会对他人的行为或者语言感到不满，而语言暗示恰好能够得体又礼貌地表达出自己的想法。暗示的语言不仅可以用来表达自己的厌恶，同样可以用来表达喜欢。

1. 含蓄表达爱情

通过话语暗示来表达爱情，这可以使话语本身具有一定的弹性，不至于遭到对方拒绝时没有挽回的余地，而且，这也符合恋爱时的羞怯心理。

2. 委婉表达讥讽之意

在日常交际中，直接的辱骂听者当然很容易就能听出来。但如果对方利用暗示语言来侮辱人，我们更应该注意，这时不仅要善于听出别人的恶意，还应该“以其人之道还治其人之身”。

用心说话

在日常生活中，很多时候我们都无法直接表达自己的想法，这时候就需要暗示来表达，于是就出现了一语双关、含沙射影等艺术性语言。

3. 暗示拒绝

有的人喜欢用暗示来投石问路，这时你也可以用暗示来拒绝对方。

4. 暗示自己的不满

有时候，面对他人的错误，我们最好以双关影射之言来暗示他，迫使对方意识到自己的错误。比如，顾客发现汤里有一只苍蝇，巧妙暗示老板："对不起，请您告诉我，我该怎样对这只苍蝇的侵权行为进行起诉呢？"

言语中表达信心，让对方打消疑虑

在日常交际中，由于我们的一些话语或者行为会使对方心中充满疑虑，这时候如果不及时打消对方的疑虑，交流就无法继续进行下去。当然，我们可以通过言语暗示把自己的想法传递给对方，使对方打消心中的疑虑。一般而言，每个人对于自己心中的想法都有保密的冲动，他们不希望自己的心思被别人看穿。鉴于对方这种心理，即便我们猜中了对方正在焦虑的事情，也不能直接说出来，而是巧用话语暗示，正所谓“曲径能通幽”。

在日常交际中，我们该如何巧妙运用话语暗示来达到自己的目的呢？

1. 巧妙引用第三方的话

销售员在向顾客推销的过程中，当说到自己的产品有多好的时候，对方通常会怀疑他所说的话以及其产品质量。这时候，不妨换一种方式以消除顾客的疑虑。比如，你可以这样说“这种产品我的邻居已经用了三四年了，质量还是好的”。言语中暗示出产品质量绝对过关，虽然邻居并不在旁边，但这已经有效地打消了对方心中的疑虑。

用心说话

巧妙引用第三方的话，向对方说出产品的评价，这就是打消顾客疑虑的好方法。

2. 暗示对方的疑虑是没有必要的

针对客户李先生的“保险是骗人的勾当”这样的观点，王小姐解释了物价改革的必要性以及影响当前物价的各种因素，还进一步分析了保险带来的利益：“随着物价的不断上涨，有保险总比没有保险好。而且我们公司早已考虑了这些因素，顾客的保险金是有利息的。当然，我这么年轻在您面前讲这些，实在有些班门弄斧，还望您多多指教……”通过语言暗示对方的疑虑是没有必要的，从而影响他人的心理变化，达到说服他人的目的。

3. 通过比较来暗示

销售员在推销产品的过程中，可以把退款保障期定为竞争对手的两倍，立即凸显出自己的“竞争力”。比如，“产品在销售之后28天内，若发现质量问题，我们承诺全额退款，而一般的产品退款保障期只有14天……”通过比较暗示出自己产品的优势，从而打消对方心中的疑虑。

第5章

面试言语，如何迅速给考官留下好印象

面试是每个求职者的必经之路。既然要面试，就免不了要说话。当你迈进面试的那间房间的时候，你的心跳会不会加速到每分钟120次？那个面试官无论看起来多么和蔼可亲，可他说的每一句话，依然让你紧张得手心出汗不止。他的每一个问题你绞尽脑汁还是不得要领……这可如何是好？此时，如果我们懂得一些面试说话的操纵术，就能镇定下来，把每句话说到考官的心里去，反过来就能操纵考官的心理。我们深知，我们的第一印象对于考官而言十分重要。懂得一些说话操纵术，就会给考官留下一个诚恳、有能力的好印象！

向考官提问，表达你对所求职位的关心和重视

有不少求职者都有这样的心理：面试就是一场“考官问、自己答”的考试。因此，他们一般不敢向考官提出一些关于面试与所聘职位等方面的问题。其实，这种认识是片面的。在面试中，考官与求职者在地位上和人格上都是平等的。从考官的心理角度分析，他们也希望通过面试为企业招聘到优秀的人才。而只有这种双向的交流才能形成互动，才能达到人力、人才资源的优化配置。而更为重要的是，只有恰当地向考官提问，把问题问到考官的心坎上，才会让考官觉得，你很重视所应聘的职位。

那么，求职者在面试中可以向考官提哪些问题，在提问中又应该注意哪些问题呢？

1.“请问您看过我的履历表了吗？”

事实上，对方很可能没有认真看，甚至在面试前十分钟你的履历表才转到了他的手上。据国外一项研究显示，一般人力资源主管平均只花38秒来看一份求职履历。而你的这句话会对其产生一个提醒的作用，对方也会产生这样的心理：这个求职者对面试的态度很好，将来肯定也是个负责任的员工。

用心说话

简单的一句“请问您看过我的履历表了吗”，让考官对你产生与其他求职者完全不同的印象。因为这句话会让考官产生“这个求职者似乎很看重这次面试”的心理，于是，他会带着好奇的心理去阅读求职者的简历。在这时，好感已经产生了。可见，善于提问，让考官觉得你重视面试机会，重视所聘职位，是你成功的重要前提。

2.“关于我的资历，您认为还有哪些方面需要说明？”

这句话会让考官产生疑问，进而会向你发问，从而加深对你的认识。因为心理学家说，一个人对你投入的时间越多，他对你的印象就会越深，你成功的机会就会增加。

3.“怎样才能获得晋升？”

这样的提问会让考官觉得你有上进心，并有意承担公司长期的工作。同时，假如对方被这样的问题难倒，回答吞吞吐吐，你可以肯定晋升的机会不大；但是如果他详细解释，你就要细心聆听，借机表示你对该职位的重视。

4.“您希望我做出怎样的成绩？”

这样问，可以表现出你对职位和自己的期望，让考官产生这样的心理：这个求职者不仅仅是为了找一份工作，而且有做好这个职位的决心。在对方作出回答之后，你也可以逐步分析，例如就对方所期望的，判断有哪些是自己能力可以达到和应付的，以此增加对方选择你的筹码。

当然，这些问题，并不是要我们在每次面试中都要提出来。每次面试，我们应该根据当时的情况，抓住重点，选出几个主要的、关键的问题进行提问就可以了。同时，我们在提问中，还需要注意以下一些问题。

1.“不在其位，不谋其政”，有些问题不能问

向考官提问，不是没有边际地随意提问。像“请问你们的投资规模有多大？”“你们未来五年的发展规模如何？”“你们住房的贷款政策是怎样的？”这样一些问题，以及涉及企业秘密和管理层的问题，是不便提问的。因为这样提问不仅不能在心理上占据主动，操控考官的心理，反而会“聪明反被聪明误”。

2. 不可提问不显水平的问题

比如，像“公司是以什么为主要业务”之类的问题，会让主考官大跌眼镜的。因为任何一个用心的求职者，在应聘某一单位时，总是会对该用人单位进行一次必要的基本情况的调查、了解，你问考官这样的问题，反而显示了你对用人单位的无知。

3. 应注意把握好提问的时机

求职者要记住，考官的“考”是“主”，应聘者的“问”是“辅”，如果反客为主，这显然是不合适的。因此，应聘者对考官的“问”应注意把握好时机和时间。比如，你可以在考官问“你有没有什么问题”时开始向考官提问，也可以在获得考官的允许后提问。

总之，为了能在一个更合适的单位和岗位上工作，求职者就有必要博取面试官的好感，就有必要利用面试的机会，见缝插针、随时借机向考官提出一些问题。

不可避免的薪酬问题，如何谈考官更易接受

在求职面试时，薪金问题是一个敏感但又不可回避的问题。一般情况下，作为求职者，和考官谈薪金，经常是战战兢兢，生怕有一点差池，既怕委屈了自己，又怕失去了机会。估计也有一些职场新人知道，尽量不要在面试的时候与考官谈论薪水问题。如果谈不出结果，只会给考官一个不录用你的理由。

那么，面对这种情况，我们该如何巧妙地回答才能让考官接受呢？在回答薪金问题的时候，不能唯唯诺诺，不好意思开口，任由考官或用人单位定夺。同时，也不能逞匹夫之勇乱答一气，要有准备，要有策略。

1. 了解市场行情，确定要谈的薪资范围

如果你想要和主考官达成一个合理的薪资共识，事先就要考虑：你的专业是什么？市场对你这类人才的需求有多大？其他同行的薪资水平？

然后你需要结合公司的情况，取他们中间的一个平均值来考虑你的期望薪资，同时还应该多留意新闻中和本行业有关的报道，这样提出来的薪资标准才会让考官觉得合理，接受起来也容易得多。

用心说话

很多面试官在面试的时候会反过来问你对薪资有什么要求，诸如，你希望得到什么样的薪金待遇？你觉得自己每年加薪的幅度是多少？你愿意降低自己的薪水标准吗？这个时候如果还一再推脱，恐怕只会让考官觉得你唯唯诺诺了。

2. 谈薪水的时候不要拘泥于薪资本身

在面试中谈薪水，不能“就薪水谈薪水”，而要把握适度合理的原则。告诉自己的面试官：“薪水不是重要的，我更在乎的是职位本身，我喜欢这份工作。”这句话会让面试官觉得你是一个在乎职位高于薪资本身的求职者，也就能将薪金问题提升到另一个高度，这将有助于你找到一份满意的工作。

3. 含蓄表达

含蓄表达是个不错的选择。在告诉面试官自己希望得到的薪金待遇时，你要尽可能给出一个你希望的薪水范围，避免说出具体的数字，除非对方有这样的要求。这样既可以表达自己大致的薪金要求，也不至于因要求太离谱而招致面试官的不满。

同时，我们在与面试官谈论薪资的时候，还要注意一些禁忌问题：

（1）当面试官询问你上一份工作的薪资时，最忌讳的就是虚报，也就是说不要虚报你目前的收入和能力。因为用欺瞒的手段来获取高薪，一旦被发觉，对你的信誉将有不利的影响。

（2）不要先开口。面试时不要急于把自己的底薪报出来，倘若你在还未摸清薪水的可能变动幅度之前就唐突地把自己推销出去，这是在冒险，因为薪水问题通常是可以进一步协商的。

总之，在面试谈“薪”的时候，千万不能逞一时的匹夫之勇乱答一气。你要有准备、讲策略，把每一句话都说到面试官的心里去。因为，你的回答将成为面试官考虑是否录用你的重要依据。

出彩的自我介绍，让考官对你印象深刻

在求职面试时，大多数面试官会要求应聘者作一个自我介绍，一方面了解应聘者的大概情况，另一方面考察应聘者的口才、应变和心理承受能力、逻辑思维能力。千万不要小看这个自我介绍，它既是打动面试考官的敲门砖，也是推销自己的极好机会，因此一定要好好把握。因为作自我介绍时能否把话说到面试官的心里去，能否给考官留下深刻的印象，直接影响甚至决定你能否得到这份工作。

那么，如何作自我介绍才恰当，才合乎面试官的口味，又能体现自身的优势和长处呢？这个还是有规律可循的：

1. 开场白

作自我介绍时首先应礼貌地引出一个简短的开场白，并向所有的面试人员（如果有多个面试考官的话）示意，如果面试考官正在翻看别的东西，可以稍微等一下，等他们注意力集中后再开始。因为当面试官把所有精力和目光转移到你身上的时候，你的开场白才会引起他们的注意，才会对考官产生影响。

而事实上，不理想的开场白有很多，总结一下，大概有下面较为典型的两种。

用心说话

做好自我介绍，充分展示自己过去的成就，才能够说服面试官。

第一种，能说几句，但效果不理想。他们能简单地说几句，比如，“我叫张三，广东乐昌人，今年27岁，曾经做过某些工作”等。再比如，“我叫李四，1978年出生，性别男，家住广东乐昌”等。

这类求职者，虽然说得很吃力，甚至连“性别男”都说出来了，但他们能一句凑一句地说下去。这会让考官觉得他们其实很紧张。

第二种，根本不会说话。这种情况最多。他们说出自己的姓名、年龄后，就说不下去了，支吾了半天，干脆指着面试官手上拿着的他的简历说："那上面都写着呢，你自己看吧。"

不用说，这两种人都会被淘汰。因为他们让面试官产生一种心理：连一个简单的开场白都说不好，又怎么能证明自己的实力，如何为公司创造效益呢?

因此，我们一定要准备好开场白。

2. 自我认识

任何面试官都是公司的成员，他当然希望能为公司招到优秀的人才，为公司带来利益。这是每个面试官的共同的心理。因此，你要想轻松被一家公司录取，首先必须知道你能带给公司什么好处。当然不能空口讲白话，必须有事实加以证明。

最佳的方法就是能够"展示"过去的成就。例如，你曾为以往的公司设计网页，并得过奖项或赞扬。当然，这些例子都必须与现在公司的业务性质有关。职位越高，自我认识就越重要，应将个人的成败得失告知于考官，越具体，越能让面试官觉得你态度良好。

3. 投其所好

清楚自己的强项后，便开始准备自我介绍的内容，包括工作模式、优点、技能，突出成就、专业知识、学术背景等。这会让面试官觉得你是个专业的人才，有一定的实力。

用心说话

把优点融入经历中，能够提高自我介绍的可信度，令面试官更加信任你的实力。

自我介绍往往只有短短几分钟，所以一切还是与该公司有关为好。如果是一家计算机软件公司，应说些计算机软件的话题；如果是一家金融财务公司，便可跟他说基金、证券的话题，总之要投其所好。

有一点必须切记：话题所到之处必须突出自己对该公司“有价值”，如增加营业额、降低成本、发掘新市场等。

4. 用工作经验代替凭空的优点介绍

有一些求职者喜欢对面试官说自己有诸多优点，而事实上，直接说会显得苍白无力，不如把这些优点融合到你的工作经历当中去。比如说，你以前做过会计，你可以对面试官说，“我从过去两年的会计生涯中得到很多锻炼，您知道做会计工作需要很强的准确度和对工作一丝不苟的认真态度，我工作的那两年，没出过任何差错，老板非常满意”等。

我们在讲工作经验的时候，有必要用一些专业词汇来提升你对话过程中的技术含量，一般专业的面试官会比较欣赏高质量的对答。

总之，我们在求职的时候，不要从一开始就把自己放在一个被挑选的位置上，和面试官之间的战争，是一场公平的比武，只要你懂得把自我介绍说到面试官心里去，就能让其对你印象深刻，从而为你面试成功增添砝码！

面试中的语言陷阱，如何巧妙躲过

有人说，面试就如同相亲。应聘者希望找到一份满意的工作，用人单位则希望找到优秀的合作伙伴。而作为面试官，希望面试者能在短短一席话中展示出自己的优点、智慧以及呈现出很棒的反应。面试，其实是一场心理游戏。

通常情况下，面试官为了能为用人单位挑选到优秀的员工，也许会在面试中设置种种语言陷阱和难题，以探测面试者的智慧、性格、应变能力和心理承受能力。而面试者只有识破这样的语言陷阱，并学会用语言巧妙地摆脱这些陷阱，才能反过来操纵面试官的心理，小心巧妙地绕开陷阱，避免一头栽进去。

1. 针对用“激将法”遮蔽的语言陷阱

这是面试官用来淘汰大部分应聘者的惯用手法。采用这种手法的面试官，往往在提问之前就用怀疑、尖锐、咄咄逼人的眼神直视对方，企图击垮对方的心理防线，然后冷不防用一个明显不友好的发问激怒对方。此时，应聘者若结结巴巴，无言以对，抑或怒形于色、据理力争、脸红脖粗，那就掉进了对方所设的陷阱中。

用心说话

面对这种咄咄逼人的发问，作为应聘者，你首先要做的就是控制自己不要被“激怒”，如果你被“激怒”了，那你就输掉了。

应聘者碰到此种情况，要头脑冷静，然后采用有力度又能让对方心服口服的话来回应。

如果对方说：“你缺乏经验，我们需要经验丰富的人。”

你可以微笑着回答：“我确信如果我有缘加入贵公司，我将很快成为社会经验丰富的人，我希望自己有这样一段经历。”

如果对方说：“我们需要名牌院校的毕业生，你并非名牌院校毕业。”

你可以幽默地说：“听说乔布斯也未毕业于名校。”

如果对方说：“你的专业怎么与所申请的职位不对口？”

你可以巧妙地回答：“据说，21世纪最抢手的就是复合型人才，而外行的灵感也许会超过内行，因为他们没有思维定势，没有条条框框。”

2. 面对挑战式的语言陷阱

这类提问的特点是，从求职者最薄弱之处入手。

对于应届毕业生，面试官一般会设问：“你的相关工作经验比较欠缺，你怎么看？”对于女大学生，面试官也许会设问：“女性常常会对自己的能力缺乏自信，你怎么看？”

如果回答“不见得吧”“我看未必”或“完全不是这么回事”，那么你已经掉进陷阱里了，因为对方希望听到的是你对这个问题的看法，而不是简单、生硬的反驳。

对于这样的问题，你可以用“这样的说法未必全对”“这样的看法值得探讨”“这样的说法有一定的道理，但我恐怕不能完全接受”应对，然后婉转地表达自己的不同意见。

面试官有时还会哪壶不开偏提哪壶，提出让求职者尴尬的问题。例如：“你的学习成绩并不是很优秀，这是怎么回事？”

碰到这样的问题，有的求职者常会不由自主地摆出一副防御的姿态，甚至狠狠地反击对方。这样做，只会让考官认为你过分自信，从而对你作出“狂妄自大”的评价。而最好的回答方式应该是，既不掩饰回避，也不要太直截了当，而用“明谈缺点实论优点”的方式巧妙地绕过去。

3. 针对诱导式的语言陷阱

这类问题的特点是，面试官往往设定一个特定的背景条件，诱导求职者作出错误的回答，因为也许任何一种回答都不能让对方满意。这时候，你就需要用模糊的语言来回答，才不会掉进面试官设置的陷阱，同时，也会让面试官对你的反应能力大加赞赏。

另外，求职者要从态度上配合面试官的“追问”。这是避免不应该失去的分数的关键。对此，我们要避免出现以下三种态度。

一种是一脸漠然。有的考生直接回答：“没有什么可补充的。”这会让面试官觉得你很冷漠，对所应聘的职位不热心。

一种是答非所问、心不在焉。偏离主题的回答，会让面试官感到很失望。

还有一种是口若悬河，极力表现自己。这样回答的结果不仅不能得到面试官的认同，反而还会引发面试官的反感。

求职者说话的态度也影响着面试官的心理，从而产生“印象分”，这个分是没有衡量标准的，只有面试官自己清楚。

总之，作为求职者，不管遇到面试官怎样的刁难，都要摆正心态，然后通过三言两语反过来操纵面试官的心理，把握面试的主动权，获得面试的成功！

掌握迅速成为面试中出彩求职人的说话方式

作为求职者，我们深知，面试官掌握着我们的“求职命运”。而聪明的求职者，则可以抓住面试官的心理，通过三言两语就能消除彼此间的陌生感，让面试官觉得和你迅速拉近了距离。

那么，我们该如何表达呢？

1. 善于打破沉默

面试开始时，如果应试者出于种种顾虑，不愿主动说话，不善打破沉默，而等待面试官打开话匣，结果只会使面试过程出现冷场。也有些求职者即便能勉强打破沉默，但语音语调也极其生硬，使场面更显尴尬。实际上，无论是面试前或面试中，面试者主动致意与交谈，都会给面试官留下热情和善于与人交谈的良好印象。

2. 根据面试官的个人喜好说话

面试官的个人喜好也会影响求职者的面试效果。虽然我们要求面试官不能带有个人感情色彩来评判求职者，但是人都是有感情的动物，而大部分面试官也不是间谍机构出身，经过专业的情绪训练，因此，带着个人的好恶观察求职者这很正常，只是从业资深与否，表现出的强烈程度不一而已。

用心说话

很多求职者总怕在面试中说错话、说漏话，前怕狼后怕虎，小心翼翼，自己给自己设置障碍，造成语序上的混乱。

因此，我们在表达的时候，要尽量迎合考官的喜好，把话说到考官心里，才能让他对你产生好印象。

3. 灵活表达，切勿采用“背诵”口吻

人力资源专家指出，自我介绍可以提前做准备，也可以找些朋友配合做练习。自我介绍应避免书面语言的严整与拘束，而应使用灵活的口头语进行组织。切忌以背诵朗读的口吻介绍自己，这对面试官来说，是无法忍受的。另外，表达的时候，还要控制好声调，尽量让面试官听来流畅自然，充满自信。

4. 从轻松一点的话题入手

很多人都认为面试是由面试官来主宰的。其实这样说有一定的道理，但是作为应聘者，也是可以表现得主动一点，主动和面试官谈一些比较轻松愉快的话题。这样做有两点好处：一是可以拉近你与面试官的距离，容易让面试官对你产生好感；二是可以在话题中慢慢放松自己的情绪。

5. 不可过分与面试官“套近乎”

面试的时候跟面试官拉近距离、套交情是正常的，尤其是一些善于交际的求职者，很会活跃面试的紧张气氛。但是过犹不及，往往适得其反。

具备一定专业素养的面试官是忌讳与应试者套近乎的，因为面试中双方关系过于随便或过于紧张都会影响面试官的评判。过分“套近乎”亦会在客观上妨碍应试者在短短的面试时间内做专业经验与技能的陈述。

用心说话

事实上，主考官更愿意与人交流一些轻松的话题，这是他们共有的心理。面试时表达要放松，但也不可以太随意，要做到不卑不亢。“卑”会给面试官留下不自信的印象，缺乏将才风度，如果以后面对客户也这样，会影响企业的形象；“亢”给人的感觉是太浮躁，有一种喧宾夺主的味道。这两种应聘者面试官都不喜欢。

过分地“套近乎”不仅不会拉近距离，反而会适得其反，让考官心生厌恶。因为作为招聘人员，很忌讳和求职者有“亲密”关系。替公司招到最合适的人才是面试官的首要职责，而聪明的应试者可以列举一两件有根有据的事情来赞扬招聘单位，从而表现出自己对这家公司的兴趣。这样，考官会认为你是个不失分寸的求职者，自然就和你拉近了距离。

总之，在面试的时候，作为求职者，我们要注意自己的表达方式，尽量把每句话说到考官的心里，让其觉得和你快速拉近了距离，这样做对整个面试的进程大有好处！

第6章

职场心计，用点策略说话让你工作中游刃有余

职场上，我们每天都要和同事、领导打交道，自然免不了要说话、交谈。说什么、怎么说，什么话能说，什么话不能说，都有“讲究”。可以说，在职场上“说话”也是一种艺术。能不能说好话，从小处看，影响到我们与同事、领导的关系和工作氛围；从大处看，直接关系到我们的职场命运。针对职场说话，我们需要学会一些心理策略，通过说话来操纵对方的心理，让同事和领导喜欢我们，这是我们在工作中无往不利的砝码！

言语平和温柔，证明你是个好相处的人

身处职场，办公室每天都发生着这样或那样的是是非非。不管你是否卷入了这些是非，也不管你是路见不平，拔刀相助的“英雄”，还是“事不关己，高高挂起”的“世外闲人”，都要和这些同事日复一日，年复一年地相处下去，这就需要你掌握一些与同事说话的艺术，尤其是要把握说话的分寸，努力塑造一种受欢迎和被欣赏的说话风格。通过说话，让同事感觉你是个容易相处的人，只有这样，才有利于工作的开展，也有利于自身的发展。

与同事相处，要讲究分寸。话太少不行，现代社会中的人都是社会型动物。那些少言寡语的人，会被大家看成是不合群和孤僻的，久而久之，就会被大家所孤立，难于发展。话多了也不行，容易让别人反感，而且也容易让别人误解，认为这是个轻浮、不稳重的人，还容易落个“乌鸦嘴”的名声。所以说，不多说一句，也不少说一句才是与同事说话需要把握的最理想的分寸。

与同事说话要把握分寸，谨记以下几条原则。

用心说话

与同事相处，说话要讲究分寸，过于沉默会被认为是不合群，但是如果过于聒噪多话，也会令人反感甚至避而不及。

1. 公私分明

不管你与同事的私人关系如何，但如果涉及公事，你千万不可把你们的私交和公事混为一谈，否则你会把自己置于一种十分尴尬的境地。

2. 注意对方的语言习惯

我们在与同事交往的过程中，必须留意对方的忌讳语，若是一不留心，脱口而出，很容易伤同事间的感情。即使对方知道你不是有意冒犯情有可原，但你终究还是伤害了他，因此，应该特别留心，谨慎开口，不要让脱口而出的话语冒犯他人。

3. 不要展示自己的优越感

有些人动不动就提到自己或家人的辉煌业绩和显赫地位，向同事们炫耀，这将严重伤害同事们的自尊心，引起大家的不快，从而导致对这种人的厌恶和反感。

4. 尽量使用和气用语，不发生正面争吵

中国人自古便十分强调“人和”的因素，诸如“和气生财”“和为贵”“家和万事兴”之类的古训，至今仍被人们津津乐道。无论你在所处的公司、单位或任何一个利益共同体中处于怎样的位置，都应该与你的同事团结一致。“内讧”只能使每个人的利益都受到损失。

比如，当你偶然发现某个跟你十分熟识的同事竟然在你背后四处散播谣言，数说你的不是和缺点。这时你才猛然觉醒，原来平日的喜眉笑目，完全是对方做的表面文章！这时候，你可能很想和他大吵一通，揭露他的“恶行”，让其他的同事认清他的真面目。切记，千万不要这样，因为大家是同事关系，你若摆出绝交的姿态，一定会吃亏：一则让别人以为你主动跟他反目成仇，问题必然出在你身上，这无形中给对方一个借口去伤害你，这样做太不理智了；二则你们同在一个办公室，你总不想成天看见一副冷若冰霜或是怒目而视的面孔吧！对方滔滔不绝或多有冲撞冒犯之时，尽管任其发泄，自己在旁心平气和，处之泰然，尽量以柔和礼貌的语言来表达自己的意见。

用心说话

在办公室，同事每天相处的时间最长，谈话内容可能会涉及工作以外的事情。但我们要知道，与同事说话时，尽量不要在背后议论其他同事或者领导，更要懂得保留，什么该说，什么不该说，我们要把握好分寸，才能让同事觉得你是个可以信任的人。

所谓“不打不相识”，同事与同事之间往往正是在这种貌似攻击的激烈争执中达到了心灵的沟通和思想观念的交流，反倒越吵越了解，越争越痛快，比起以前的“和平共处”阶段还要互相尊重和信任。更何况你们以后还有合作的机会，再加上上司最不喜欢下属因私事交恶而影响工作。

5. 闲谈莫论人非

只要是人多的地方，就会有闲言碎语。有时，你可能不小心成为“放话”的人；有时，你也可能是别人“攻击”的对象。这些背后的闲谈，比如领导喜欢谁、谁最吃得开、谁又有绯闻等，就像噪音一样，影响着人们的工作情绪，聪明的你要懂得，该说的时候就勇敢地说，不该说的时候一定不能乱说。

总之，与同事说话，我们要懂得一些心理策略，让同事感觉到我们容易相处，这便能在整个说话中掌握主动权，最终使自己的工作得以顺利开展。

适度抬高对方，满足对方的虚荣心

身处职场，少不了与竞争对手打交道。有时候，同事间可能为了一个职位而恶语相加。有人可能认为，面对竞争对手，就是要大胆表现自己，让对方退缩。而实际上，人们在被对手贬低的时候，都会有一种反击的心理。而你的反击很可能是对方努力的动力。因此，聪明的职场人在和竞争对手打交道的时候，经常放低自己，抬高对手令其放松戒备，从而为自己竞争成功增加砝码。

当然，放低姿态，不是低声下气、奉承谄媚。说话时放低姿态是一种艺术。在办公室里，竞争有时候是隐性的，尤其是在我们得意之时，与同事说话，要谦和有礼、虚心，这样才能显示出自己的君子风度，淡化别人对你的嫉妒心理，维持和谐良好的人际关系。

“小姜毕业一年多就被提升为业务经理，真了不起，大有前途呀！祝贺你啊！”在外单位工作的朋友小叶十分钦佩地说。“没什么，没什么，老兄你过奖了。主要是我们这儿水土好，领导和同事们抬举我。”小姜见同一年大学毕业的小吴在办公室里，便压抑住内心的欣喜，谦虚地回答。

用心说话

与同事竞争，在说话的时候不可狂妄，要尽量放低自己，让对方感觉你已经示弱了。很多时候，这会为你的成功提供契机。

不难想象，小姜此时如果说“凭我的水平和能力早可以提拔了”之类的话，定会引起小吴的嫉妒。身在职场处于优势地位时，自然是可喜可贺的事。如果别人一奉承，你马上喜形于色，无形中就会加强别人的嫉妒心理。可见，在办公室里，言谈中多一些谦虚，就能有效地减弱同事们的嫉妒心理。

那么，我们在与竞争对手说话的时候，如何放低自己的姿态，从心理上影响对方呢？

1. 承认对手的能力，为对手叫好

一位成功人士说："为竞争对手叫好，并不代表自己就是弱者。为对手叫好，非但不会损伤自尊心，相反还会收获友谊与合作。"同时，这也是一种心理策略，任何人都爱听赞美与肯定的话，我们承认对手的能力，有利于消除对手的戒备心，甚至有利于我们从对手那里获得经验教训从而提高自己，当我们得到了不断的提升和完善之后，赢得对手就势在必行。

2. 放低身份，表现自己的良好修养

这一点，在与比自己身份低的竞争对手说话时尤为重要。偶尔说一句“我不明白”“我不太清楚”“我没有理解您的意思”“请再说一遍”之类的语言，会使对方觉得你富有人情味，没有架子。相反，趾高气扬，高谈阔论，锋芒毕露，咄咄逼人，容易挫伤别人的自尊心，引起反感，以致对方筑起防范的城墙，从而导致自己的被动。

总之，与竞争对手说话，我们要讲究说话策略，要放低自己，抬高对方令其放松戒备，从而为我们补充实力，为一举获得成功提供良好的时机！

自嘲，是高级的职场语言

职场人气的高低与否，直接关系到一个人的升迁和职场命运，那些会说话，懂得打破沉默、活跃办公室气氛的人往往更容易赢得同事的好感，职场人气自然高。而这些聪明的职场人一般都会借用自嘲这一心理策略。因为从心理学角度看，没有人会拒绝幽默带来的开怀一笑，幽默一直被人们称为只有聪明人才能驾驭的语言艺术，而自嘲又被称为幽默的最高境界。如果我们懂得自嘲，会使办公室的氛围融洽，工作氛围轻松，人际关系和睦，工作也有干劲，而最重要的是，我们的职场人气可以得到提升。

我们每个人工作谋生的集体都是一个大家庭，作为家庭成员的同事之间难免产生磕磕碰碰、误会、牢骚，也难免遇到一些尴尬之事。这种情况下，谁是谁非不是三言两语就可以说清楚的，要有耐心，不要逞一时口舌之快，伤了与同事的和气。大家同在一个屋檐下共事，抬头不见低头见，一旦撕破脸皮，以后再交谈、沟通，虽非不可能，但却要颇费周折了！

一句幽默的戏剧性语句和一个幽默的戏剧性行为，其效果远远超过了长篇大论的反驳和纠正。

用心说话

我们不妨采取幽默的心理策略，借语言之衣，实取人情之利，何乐而不为？会说话的人不仅能在谈笑间使樯橹灰飞烟灭，达到自己的预期目的，而且能创造一个和谐的人际环境，以柔克刚。

自嘲不仅能产生笑料，更是一种修养；它不仅是一门知识，也是一门功力很深的素养。难以想象一个不懂自嘲的人会是一个会说话的人。任何一个成功运用语言达到与同事和解、回敬同事的指责、批评的成功范例或多或少都少不了自嘲的功劳。

那么，身处职场，我们该怎样利用这一心理策略呢？

1. 敢于拿自己的短处“开涮”

自嘲是缺乏自信者不敢使用的技术，因为它要你自己打趣自己，也就是要拿自身的失误、不足甚至生理缺陷“开涮”，对丑处、羞处不予以遮掩、躲避，反而把它放大、夸张、剖析，然后巧妙地引申发挥、自圆其说，博得一笑。没有豁达、乐观、超脱的心态和胸怀，是无法做到的。可想而知，自以为是、斤斤计较、尖酸刻薄的人难以做到这一点。

职场上，在人前蒙羞，处境尴尬时，用自嘲来应对窘境，不仅能很容易找到台阶，而且多会产生幽默的效果。所以自我解嘲，自己胳肢自己几下，自己先笑起来，是很高明的一种脱身手段。自嘲时对着自己的某个缺点猛烈开火更容易妙趣横生。单就这份气度和勇气，别人也不会让你孤独自笑，而一般会陪你笑上几声的。

但自嘲的前提是，我们要敢于拿自己的短处“开涮”。此时，我们“征服”同事的原因不仅仅在于我们的幽默，也在于我们的自信。

2. 自嘲不可针对任何人

的确，自嘲谁也不伤害，最为安全。你可用它来活跃谈话气氛，消除紧张；在尴尬中自找台阶，保全面子；在同事面前获得人情味；在特别情形下含沙射影，刺一刺无理取闹的小人。但我们要记住的是，自嘲不可有任何针对性。在同事间的交流与沟通过程中，舌头一定要多绕几个弯，切忌妄自尊大，出语伤人。

由此可见，适时适度地自嘲，不失为一种良好修养，一种充满活力的职场交际技巧。自嘲，能制造宽松和谐的交谈气氛，能使自己活得轻松洒脱，使人感受到你的可爱和人情味，有时还能更有效地维护面子，建立起新的心理平衡，从而提升人气！

说话如何赢得威信，让同事信服

身处职场，与同事打交道，最重要的就是能力被认可。可见，我们在说话的时候，要讲究策略，要想赢得威信与支持，就要“有板有眼”。因为从心理学的角度看，人们觉得那些说话沉稳的人更值得信任，更愿意支持他们。

身处职场，我们在同事中的威信是通过自己的言行树立起来的。有时候，我们与同事的谈话不是朋友之间的聊天，如果与对方谈了一个小时都没有说出一句有决策力的话，那这场交谈就是无效的。那么，我们具体应该怎样说话呢？

1. 放低姿态处理与同事间的不同意见

一个没有主见、被人左右的人是无法得到同事的尊敬与服从的。所以，我们必须维护自己的威信。比如：

你的意见还是不错的，但是如果换另一个角度看，会怎么样？

“我的想法和你不同，我们可以交换一下意见吗？”

“嗯，让我考虑一下，我们可以明天再谈这个问题。”

以上这样的话语不失威严而且易于被对方接受。

用心说话

我们在与同事交谈时，应呈现出兼收并蓄、取长补短、互相切磋、求同存异的姿态。遇事不是忙于下结论，忙于批驳对方，而是应低调但主导性很强地说出自己的看法。

2. 尽量最后表态

中国人通常具有“重点置之于后”的心理。所以我们不能抢着说话，越是最后说话越有权威。

在与同事谈话时，应该让对方充分地表明意见、态度后，自己再说话。让对方先谈，这时主动权在我们手里，可以从对方的话语中选择弱点追问下去，以帮助对方认识问题，再谈自己的看法，这样易于让对方接受。在对方讲话时自己及时思考问题，最后作出决断，后发制人，更能让对方认可我们的能力从而信任我们。

3. 注意表达

我们要想在同事中树立威信，除了要注意自己的态度和说话的方式外，还需要注意表达方法。

（1）我们说话要言简意赅、长话短说。句子说得短一些，不仅说起来轻松，听起来省力，吸引力也强。

（2）说话一定要有条理，要吐字清晰，语速适当。在说话时要坚定而自信，力度要适中，注视着对方的眼睛，这样才能显示出自己是充满自信和颇有能力的。如果讲话时眼睛不敢正视，会使同事觉得你意志薄弱，容易支配。

（3）要学会用幽默的风格讲话。幽默的话，易于记忆又能给人以深刻的印象，正是自我标榜的标识。尤其在工作场合，一般是不适宜开玩笑的，但是如果我们能够恰当地开几句玩笑，恰恰说明我们的地位特殊。

有时候，绝对的权威并不能起到正面的作用。我们要树立威信，的确需要说一不二，但在气氛严肃的时候，语言幽默更能带动谈话气氛。

用心说话

一个人不可能总是正确的。如果有百分之六十是正确的，而他又能迅速改进剩下的百分之四十，那他就是非常了不起的人。

4. 不要害怕承认错误

工作中，你会对某些人企图解脱自己的错误所花的脑筋和时间之多感到惊讶，其实这都是没有必要的，大多数人尊敬那些直截了当承认错误的人，因为这是大人物的特点。

因此，我们要想在同事中树立威信，让同事产生信任之心，获得同事的支持，在说话的时候，就一定要讲究策略，用语言影响对方的心理！

委婉提出你的意见，更易让人接受

生活中，人人都喜欢被赞扬和被认可，而不喜欢自己的行为被否定或者不足之处被指出。职场中，我们的同事和上司也有这样的心理。

因此，我们在提意见的时候，要注意方式和方法，尽量委婉地提出来，这样，即使是批评的话语，对方听起来也容易接受得多。

那么，我们该怎样运用这一心理策略呢？

1. 提醒式批评

如果你的上司三番五次犯同样的错误，你应以提醒来代替抱怨，且不能因为太气愤而反唇直辩或直指他的错误。因为无论上司是对是错，他都是爱面子的，你这样做，只会得罪上司。

你不妨每天像很关心上司似的提醒他有个约会，或是有份文件还没签发。在你故意的提醒下，你的上司为了避免再忘记，就会主动把该做的事情做好。这样一来，每件事情都会做得井井有条，既顾全了上司的自尊，同时也让他觉得你的重要性和责任心。

用心说话

工作中，我们可能经常遇到一些容易健忘的上司，比如，他曾与某个客户约好了中午吃饭，可自己却忘记了，反过来却责怪你没有提醒他；再如，你已经告诉他哪些文件要签发，可他反而质问下属为何不提醒他或早点给他。若遇到了这样的事，你会非常气愤，明明不关你的事，上司却滥用职权，将责任推到你身上。

2. 玩笑式建议

对同事或者上司进行说服、劝导，宜采用正面说理法，态度要严肃认真，从他人可接纳的角度去考虑。固执己见的人更不容易接受正面直言的劝导，如果与他争辩，容易弄得面红耳赤、不欢而散。

面对这种情况，不妨采用开玩笑的形式提出建议。因为从心理学角度看，人们更愿意以轻松的方式接受建议，也会觉得你的建议是善意的。

但是这种责备的程度要适可而止，不能太露骨，不能太刺激对方，因为若对方感到刺激过分，往往会反感或气愤，这样，批评劝导就不会收到预想的效果。

3. 荒诞法建议

面对一个错误的推理或结论，从正面反驳无济于事，不妨用另外一个类似的并且也同样是错误的推理来达到批驳的目的，也许效果会更好。这种错误的推理具有很强的荒诞性，含不尽之意于言外，会使人在玩笑中明确是非，从而达到幽默的真正目的。推理越荒诞，说出的话就越具有幽默感。

4. 自责法建议

对上司提出批评，在尊重他们的同时，语气还要婉转一点，或欲擒故纵，或迂回包抄，或以退为进，都能取得比较好的效果。

在明确以上几种心理策略后，我们还应注意以下两点。

用心说话

可采用“嬉笑怒骂”的形式，用反面的方式表达正面的意思，在语气上是嬉笑的，但实质上却是怒骂，是批评。由于比较委婉，不会伤及上司的面子，容易使其听进去。一旦他认识到自己的过失，就容易接受劝告，从而改变行为。

第一，尽量提出建设性意见，让对方明确你是为了公司利益和大局。

你的建议如果引发权力的竞争，会使你的同事或上司因紧张而采取防御措施。因此，将你的建议以解决方案的方式提出，把你认为应该更改的地方进行扼要说明，一方面表示你了解对方的立场，另一方面化解对方防卫的心态。

第二，要弄清楚对方是否是个能接受建议的人。如果他和你在会议之外能有私人的谈话，经常就公司的政策进行修正，那么他有可能把建议当作是得到一项情报，而不是一种情绪性的攻击。但是如果对方很保守，不论你的意见多么富有建设性，你很可能会被他视为一个多事的人，因此你必须了解对方，谋定而后动。

与上司沟通，经常表达你的敬意

身处职场，我们免不了要与上司打交道。我们在与上司说话时，要尽量表达自己的敬意和关切，这是与上司拉近距离的重要方法。可能有些人觉得大家都是同事，成天抬头不见低头见，讲那么多“礼节”没有必要，即使算不上“虚伪”，也挺累人的。但是，在职场上礼多人不怪，小心驶得万年船。比如，上司帮助了你，对上司表示敬意与感谢后，上司可能会说“别那么客气”，但是，当你再次向他表示敬意与感谢时他的内心还是相当满足的。从心理学的角度看，作为上司，都希望得到部下的尊重和关心，一般来说，这种敬意和关心也是双向的，你一句关心的话往往会在心理上与上司拉近距离，自然也会获得上司的关心和照顾。

事实上，职场中，很多时候，我们都是利用上司的资源完成了任务或使自己取得了进步。此时，我们对上司充满了敬意和感激之情。但是，很多人喜欢含蓄，不愿将自己这份真实的感情表达出来。但是，对方是上司，他给予了你帮助，向他表达自己的感激之情是作为下属应该做的，所以，一定要将心中的敬意明确地表达出来。另外，上司也是人，在紧张忙碌之余，下属的一句关心的话就可能让他精神倍增。因此，无论从哪个角度说，作为下属，我们都需要对上司表达敬意和关心。

那么，我们该如何表达我们对上司的敬意和关心呢？我们可以从以下两个方面入手。

1. 表达敬意

用语言把对上司的敬意直接表达出来，这一点非常重要。表达敬意，就是把自己看到的上司身上的长处和优点告诉他。比如，你通过上司的帮助最终完成了自己的工作，可以对上司说："我非常佩服您的判断能力！"上司听到你的赞美，心里自然会很高兴。这是一般稍有教养的部下都能做到的。赞美上司有以下几种方法。

（1）赞美要具体。上司赞美下属的时候，一般都采用这种方式："你写的这份报告，第二部分的建议很有价值。"由于上司说得很具体，下属就觉得上司很重视自己的报告，留意了每一个细节，所以，相互信赖的关系又加深了。

下属赞美上司的时候，最好以赞美具体的事情为主，比如，下属可以这么赞美上司："昨天那份文件由于得到您的大力帮助，我觉得自己进步很快，因此非常感谢您！"

（2）赞美要及时。赞美上司和向上司提问一样，在时间上要掌握好度。大多数上司都很忙，他们没那么多时间与精力来与下属进行细细的沟通，所以，如果不把握好时机，你赞美得再好，上司也可能听不进去。

用心说话

发现了上司身上优秀的地方，就用简单朴素的语言告诉对方，这是一种非常有效的“赞美”，它能引起上司强烈的心理共鸣。

另外，赞美应该在工作完成的时候进行，如果过了几天甚至几周后再去赞美，那就是“马后炮”，已经失去了意义，上司可能会因感到莫名其妙而反问你：“你说的是什么呀？”

（3）不伤害对方的自尊心。在赞美上司的时候，有一条重要的原则，那就是不能伤害上司的自尊心。有些下属本来想赞美上司，可话说出口之后，却伤害了上司的自尊心，这种现象在日常工作中并不少见。比如，上司加班加点赶出一份会议文件，下属看后说：“经理，没想到您的文笔这么好！”这与其说是赞美，倒不如说是贬低上司。看见上司从外面拜访客户回来，下属忙说：“经理，您辛苦了！”这本来是表示关心，但在上司听来却像对方是自己的老板。所以，下属赞美上司的时候一定要注意遣词造句。

2. 表达关心

（1）善于发掘“素材”。要学会关心领导，就要学会从小事开始关心。在平时的工作中，让自己做一个有心人，善于发掘关心的“素材”。这样，上司会觉得你是一个细心、体贴的人。

（2）发自内心地关心领导。关心之语，只有发自内心，才显真诚。如果领导发现你言过其实，就会觉得你只会耍嘴皮子，不够牢靠。所以宁可不说关心的话，也不能虚情假意。

总之，恰当地向领导表达敬意和关心，是一个优秀的下属和职场人必须掌握的常识，是与领导拉近心灵距离的重要方法！

第7章

销售沟通，运用点心理策略迅速达成交易

说服客户是一门艺术，说服的艺术大多数体现在语言上，尤其是对于从事推销工作的销售员而言。能否成功说服客户显得至关重要。有些销售员说，我不会说话。其实，除了有语言障碍的人外我们都会说话。但是你说的话能否起到作用、能不能让客户信服、能否消除客户的异议、能否让客户心满意足就不一定了。而如果我们能掌握客户的心理，说出的话对顾客产生积极的心理作用，那么，我们的销售工作就会变得容易得多。

如何说能打动客户、快速成交

在刚开始销售的时候，我们要做的工作就是消除客户的戒备心理。而这个工作，一般体现在开场白中。开场白是销售人员与客户见面时，前两分钟要说的话，这可以说是客户对销售人员第一印象的再次定格；虽然通常说不能仅用第一印象去评判一个人，但客户却往往用第一印象来评价你，这决定了客户是否愿意给你机会继续谈下去。在这里值得一提的是，如果是你主动征得客户同意会面的，你的开场白非常重要；而如果是客户主动约见你，客户的开场白就决定了你的开场。

那么，作为销售人员该怎样说好开场白呢？

1. 表明来意

“您好！见到您很高兴。我知道您的时间非常宝贵，所以，第一，我不想浪费您的时间。第二，我也不想把您不需要的或者对您不合适的产品销售给您。坦率地讲，我不是特别了解您的情况，所以，我想先听听您的需求。”

销售员这样说，会让客户觉得你是一个负责、为客户考虑的人。当客户产生这样的心理后，你的推销工作便有了一个很好的开始。

闲心说话

在开始时，就要尽量对客户说明你的来意，这就向客户表明：你不是来推销产品的，你给客户带来的是解决方案，能够解决他的问题。同时也要有适当的技巧相配合。

2. 有的放矢，简洁明快有效

“我是某某公司的，经营某某产品，我们非常需要您的指点和建议，以便给您提供更好的产品。”

“这是我们公司产品的清单，您看看有什么需要改进的地方？如果贵公司有什么其他需要，我们也很乐意为您效劳。”

这样开场，不仅能节省很多不必要的时间，而且会让客户觉得你很干练，不拖泥带水，也会对你产生信任感。

3. 在开场白中表明产品能给客户带来的价值

开场白要达到的目标就是吸引客户的注意力，引起客户的兴趣，使客户乐于与我们继续交谈下去。所以在开场白中陈述产品能给客户带来什么价值显得非常重要。

可陈述产品价值并不是一件容易的事，这不仅仅要求销售人员对自己销售的产品或者服务的价值有研究，而且要突出客户关心的部分，找出我们即将带给他的产品的结合点。因为，每个人对一件物品的评价是不同的，同样购买一件衣服，有的人考虑的是衣服的款式，有的人考虑的是衣服的质量，有的人考虑的是衣服的品牌，客户关注的就是这件衣服的价值所在，如果这件衣服有10个好处，顾客只要考虑2～3个好处就足以促使他购买了。

因此，如何找出客户最关注的价值并重点陈述，是说好开场白的关键部分。

用心说话

简洁干练的开场白，既节省了彼此的时间，也能给对方留下一个干练高效的印象，从而获得对方的信任。

4. 开场白不必固定

开场白没有固定形式，因为每个销售人员的情况不同，客户的情况也不同。的确，和不同的客户面谈，针对不同性格、不同层次的人、不同氛围的环境，都要我们及时作出准确的判断，从谈吐（语速、语调、语气）、举止（肢体语言、习惯性动作）、专业（产品知识、销售技巧、沟通技巧）等多方面给客户留下良好的印象，为自己的最终结果做一个有利的铺垫。

用心说话

在开场白中，要着重陈述客户看重的那些产品的价值，从而快速而准确地抓住客户的注意力，引导客户与我们继续交谈。

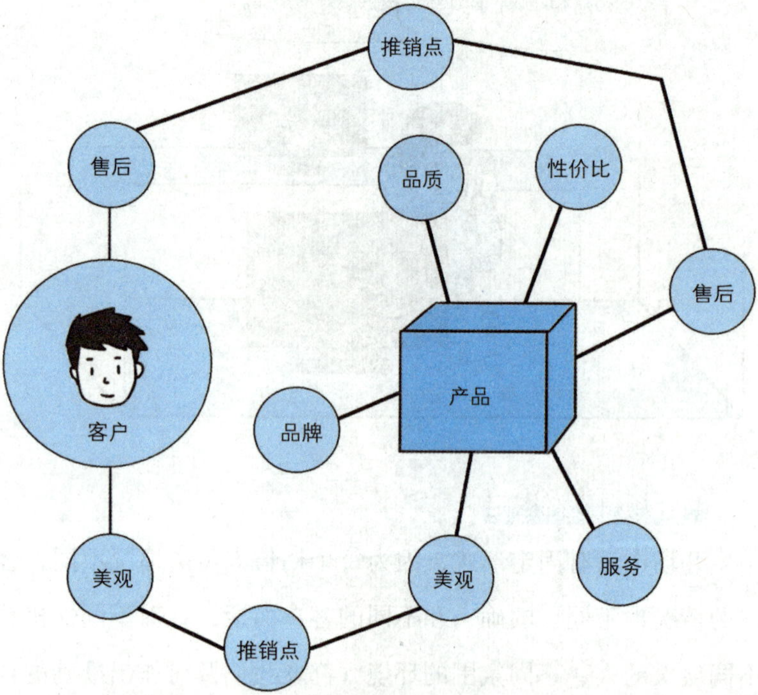

也就是说，无论是怎样的开场白，只要能吸引顾客，让顾客对我们或者我们的产品产生兴趣，有想更进一步了解的欲望，就是好的开场白。

但开场白不管使用什么方式讲述，至少要达到下列目的：

（1）明确你的意图。

（2）使客户愿意和你交流。

（3）允许你提出问题。

总之，我们要说好开场白，就要从客户的心理出发，让客户消除对你的戒备，才能进一步开展我们的推销工作。

开场需谨慎，方能打消客户的心理芥蒂

每个人都有自己的个性特征，我们的客户也是。一个销售员只有事先掌握这种情况，掌握客户的心理，并根据客户的个性转变销售风格，才能在面对各种类型的顾客时做到临阵不乱、沉着应战，从而使营销活动得以顺利进行。

具体来说，针对以下几种不同个性类型的客户，我们应采取不同的心理策略。

1. 生性多疑型

这种顾客对营销员所说的话通常持怀疑的态度，对商品本身也是如此。这种人心中多少存在些个人的烦恼，他们经常把一股怨气发在营销员身上。

因此，你应该以亲切的态度和他们交谈，千万别和他们争辩不休，同时也要尽量避免给他们施加压力，否则，只会使情况更糟。

进行产品说明时，态度要沉着，言辞要恳切，而且必须观察顾客的忧虑，以一种友好的态度询问他们："我能帮你什么吗？"等他们完全心平气和时，再按一般的方法和其洽谈。

只有这样，才能打消他们的怀疑，绕过他们的心理防御，从而达成销售目的。

用心说话

一个销售员随着时间的推移会发现这一点：不同的客户，有不同的个性类型，这种个性类型的划分虽说不是一成不变，但也有相对的稳定性。不同类型的顾客对销售员的态度，对营销活动的反应迥然不同。

2. 自以为是型

这类顾客，总是认为自己比营销员懂得多，也总是在自己所知道的范围内，毫不客气地发表自己的见解。当你进行产品介绍时，他们也喜欢打断你："这些我早知道了。"

他们不但喜欢夸大自己，而且表现欲极强。可是他们心里也明白，仅凭自己粗浅的知识，是绝对不及一个受过训练的营销员的，他们有时会自找台阶下，说："嗯，你说得不错。"

因此，面对这种顾客，你可以"欲擒故纵"，在产品介绍完之后告诉他们："我不想打扰您了，您可以自行考虑，有需要时不妨与我联络。"

3. 斤斤计较型

善于讨价还价的顾客，贪小也不失大，用种种理由和手段拖延交易达成，以观营销员的反应。如果营销员经验不足，极易中其圈套，因怕失去得来不易的成交机会而主动降低交易条件，导致血本无归。事实上，这类顾客爱还价是本性所致，并非对商品或服务有实质性的异议，他们在考验营销员对交易条件的坚定性。这时要创造一种紧张气氛，比如，现货不多、已有人上门订购等，然后再强调商品或服务的实惠，逼诱双管齐下，使其无法斤斤计较而爽快成交。

4. 心怀怨恨型

这类顾客爱数落、抱怨别人，一见营销员上门，就不分青红皂白地无理攻击，将以往的积怨发泄到陌生的营销员身上，其中很多都是不实之词。从表面上看顾客好像是在无理取闹，但肯定是有原因的，至少从顾客的角度看这种发泄是合理的。营销员应查明这种怨恨产生的原因，然后设法缓解这种怨恨，让顾客得到充分的理解和同情。平息怨气之后的顾客，也许从此会对营销员产生认同感。

5. 冷静思考型

这类顾客喜欢靠在椅背上思索，有时则以怀疑的目光观察对方，有时甚至表现出一副厌恶的表情。而且他们的沉默不语，总会给人一种压迫感。这种思考型顾客在营销人员向他们介绍商品时，会仔细地分析营销员的为人，想探知营销员的态度是否真诚。面对这种顾客，最好的办法是你必须很注意地听取他们说的每一句话，而且铭记在心，然后从他们的言辞中，推断出他们的想法。

6. 沉默寡言型

这类客户虽沉着冷静，对营销员的谈话也注意倾听，但反应冷淡，其内心感受不得而知。这也是一类比较理性的顾客。营销员首先要用“询问”的技巧探求顾客的内心活动，并且着重以理服人，同时尽可能用易于让其接受的谈话方式，提高自己在顾客心中的地位。

7. 好奇心强烈型

事实上，这类顾客对购买根本不存在抗拒心理，不过他们想了解商品的特性及其他一切有关的信息。

只要时间允许，他们很愿意听营销员介绍产品。他们的态度认真、有礼，同时会在产品说明会中进行积极的提问。他们会是个好买主，不过必须看商品是否合他们的心意。他们是一种冲动购买的典型，只要你能引发他们的购买动机，便很容易成交。你必须主动而热情地为他们解说产品特性，使他们乐于接受。而同时你还可以告诉他们，目前正是公司举行的一次促销活动，这样一来，他们就会高高兴兴地付款购买了。

8. 固执己见型

这类客户凡事一经决定，则不可更改。即使明知错了，也一错到底。有时会出言不逊。营销员以礼相待，也往往难以被接纳。

从心理学上讲，固执己见之人往往是脆弱和寂寞的，较一般人更渴望被理解和安慰。如营销员持之以恒，真诚相待，适时加以恭维，时间长了，或许能博得好感，转化其态度，甚至被认同而成为知音。

9. 滔滔不绝型

这类顾客在营销过程中愿意发表意见，往往一开口就滔滔不绝，口若悬河，离题甚远。对待这类顾客，营销员首先要有耐心，给顾客一定的时间，由其发泄，否则会引起不快。然后，巧妙引入话题，转入销售。而且，要善于倾听顾客的谈话内容，或许能发现营销良机。

用心说话

总之，我们在销售的过程中，说话风格不能一成不变。根据不同个性类型的客户，掌握不同攻略方法，能帮助我们抓住客户心理进而顺利完成销售任务！

10. 大吹大擂型

这类顾客喜欢在他人面前夸耀自己的财富，但并不代表他们真的有钱。实际上他们的经济可能很拮据。虽然他们也知道有钱并不是什么了不起的事，不过，他们唯有通过自夸来增强自己的信心。这种顾客，在他们夸耀自己的财富时，你必须恭维他们，表示想跟他们交朋友。然后，在接近成交的阶段，你可以这么说："你可以先付订金，余款改天再付！"这种说法，一方面可以顾全他们的面子，另一方面也可以让他们有周转的时间。

销售语言如何说才令顾客信服

做销售工作很大程度上就是要赢得客户的接受和赞同，最终把产品成功销售给客户。作为一名销售员，我们必须使顾客相信自己的产品能够给他们带来益处。我们只有从客户的心理角度出发，通过语言来影响客户的心理，才能使客户被我们征服。那么，我们该怎样说才能让客户信服呢？

1. 表达自信，让客户相信你和你的产品

当然，说话自信的前提是我们也要相信自己的产品。如果连营销人员自己都怀疑所销售的产品，那就很难把自己的产品成功地推销给客户。我们推销产品时不要总觉得自己的产品比别人的差，当你对自己的产品没信心的时候，客户也能感觉到你的不自信，进而对产品产生怀疑。当客户感觉到你对自己的产品充满信心的时候，那么他们也会增加信心。

2. 用事实说话

让客户信服，就必须让事实说话，王婆卖瓜的方式可能会让客户反感，也没有说服力。相对地，你告诉客户你目前有多少客户，合作了多久，那些客户反馈怎么样，产品的定位如何等，通过侧面印证你的产品就是好的，客户也比较容易接受。

用心说话

只要你在心理上肯定地认为，你的产品是最好的，那么你一定能够将这种意识传达给顾客，一举攻破顾客的心理防线。

3. 展示自己的专业水平

在跟客户沟通的过程中，不经意地展现自己对产品质量工艺技术等方面的专业认知程度，会让客户觉得你在该领域很精通，自然也愿意相信你。

4. 从客户的角度说话

与客户沟通的时候，一定要记住我们是来帮助他们的，是来为他们解决问题的，应该从客户的角度出发，不要一味地为了推销而推销。这样，客户会感激你的真诚并愿意相信你。

5. 用热情打动客户

热情是世界上最有价值的一种感情，也是最具感染力的。有人做过研究，热情在成功销售的案例中所占的分量为95%，而产品知识只占5%。自己充满了热情，即使你工作不是很顺利，也会很好地完成任务。如果没有热情，你的工作就会像放蔫了的蔬菜，毫无生气和新鲜感可言。

有热情才会有动力，有动力才能全身心地做好每一件事，尤其是和客户交流的时候，这是成功的基本要素之一。有了热情，销售才有可能取得成功。

让客户对我们信服，就必须热情地与客户交流。热情最能感化他人的心灵。热情会使人感到亲切、自然，从而缩短对方的感情距离，同你一起创造出良好的交流思想情感的环境。如果在和顾客接触的过程中，说着那种冷冰冰的话，又表现出一副爱理不理的态度，那么顾客又如何能够喜欢你呢？又如何有兴趣听你介绍产品呢？

总之，我们若能掌握以上五点让客户信服的心理策略，在推销产品的过程中，抓住客户的心理，对客户产生积极的心理作用。那么，我们离推销成功就不远了。

用心说话

任何顾客都不愿意从一位阴沉着脸、毫无热情的售货员手里购物。无论是对商场超市里的导购员，对固定客户服务的销售人员，还是对拿佣金的销售人员来说，热情都能创造交易。

说点硬话，有时候反而能促成成交

客户进行购买活动，一般是为了从产品或服务中获得某种利益或者降低一定成本，同时，也是出于一定的安全或健康的需要。为此，我们在推销产品的时候，当发现客户对产品或服务的某一方面比较关注时，销售人员可以巧妙地提醒客户，如果不及时购买此类产品或服务，那么他们将失去重要的安全或健康保障或者丧失某种利益。当正常的产品价值说明起不到决定性作用的时候，这种反方向的说明往往更能触动客户的内心。也就是说，说服客户购买，可以抓住客户这种害怕的心理，采用适度的“威胁”语言，从而迅速使客户做决定。

如果在劝服不成后能够及时转变说话方式，对客户进行一番恰到好处、极其有说服力的“威胁”，也可能会让原本犹豫不决、总是提出异议的客户迅速做出购买的决定，从而顺利地达成交易。

因为，当销售人员告诉客户，他（她）此时不购买产品可能会失去某些利益或者有某种潜在危险时，对客户的触动可能要比告诉他（她）这种产品多么好更大。

那么，销售人员在利用这种说服方式时应该注意什么问题呢？

用心说话

劝服客户购买，是要讲究一定的心理策略的，聪明的销售员通常能在三言两语间抓住客户的心，最终顺利完成推销任务。

1. “威胁”并不是恐吓

没有人愿意被“威胁”，客户也不例外。这里所谓的“威胁”策略与恶意的恐吓没有任何关系，而是销售人员通过基于客户需求的认真分析，对客户进行的善意提醒。如果我们说话不注意方式，让客户觉得我们是在恐吓他的话，那么不仅不能完成销售，而且会让对方对你产生坏印象，从而使自己失去了客户资源。

2. 与正面说服相结合

“威胁”策略应该与产品益处说明等正面说服方法相互结合，否则的话，就会引起客户的不安，从而造成沟通中出现不愉快的局面。

事实上，销售的过程就是说服的过程，在这个过程中，语言起到了无法代替的作用。而语言能否起到预想中的作用，还需要我们从客户的心理角度出发，触动客户的心而使其产生积极的效果，才能帮助我们达成销售的最终目的！

展现你的诚意，让客户安心

连烧香拜佛也讲究“诚则灵”，销售中的语言也需要真诚。因为人都有一个基本的分辨能力，花言巧语只能欺骗少数人，多数人是不会上当的；只有真诚，才会打动客户。如果你不是来自一个世界知名的大公司，那客户是通过感知你才认识你的公司，你的产品的。所以第一印象十分重要，如果你给客户的印象是一个十分诚实、可靠、准时、专业、有效率的人，那你的客户也自然会把这种看法带到对你的公司和产品的认识上。

一个真诚的人所带来的产品也是值得信赖的，这样，客户就会更容易相信你对产品功能、质量、参数等的描述，也就更容易下决定购买你的产品。

当然，这种真诚并不是一点技巧也不讲。把一切商业秘密毫无保留地告知对方，那也不是所谓的真诚。销售语言的真诚就是要有真实的情感和诚恳的态度。

我们在销售过程中，说话的态度也一定要认真诚恳。只有认真诚恳，才能使客户相信你，相信你的产品，从而完成销售任务。

用心说话

俗话说：“精诚所至，金石为开。”生活中，我们在阅读文学作品、观看电影的时候，之所以会被其中的语言感动，多是因为其中包含的情感真诚。如果没有生活，胡编乱造，可能就不会吸引人。

那么，我们应该怎样运用真诚这一心理策略呢？

1. 真诚而不轻浮

这就需要销售员在说话的时候，认真负责而不能花言巧语或者是信口开河。有些销售员为了赢得他人的信任，往往把话说得过了头，甚至采取发誓、赌咒的方式以表示自己的真诚。这也是不可取的。

这种“真诚”就是有点过了头，“真诚”越了位，结果事与愿违。

2. 适当暴露产品的某些小缺陷

客户心里明白，世界上没有完美的产品，我们若能主动暴露产品的一些小缺陷，定能获得客户的信任。但我们要注意，在说产品不足的时候，态度一定要认真，让客户觉得你足够诚恳，但是产品的不足一定是无碍大局的，对方可以接受的。例如，某些技术型的产品外观不是特别完美，如果你能先提出，反而会使那些理智型或挑剔型的客户更快对你产生好感，这样接下来的沟通也会更加通畅。

3. 帮助客户解决问题

要知道，我们推销的产品或者服务，能为客户解决什么问题，这也是客户最关心的。也就是说，你的产品或服务能否为客户“赚钱”或者提高效率、开拓市场等。如果不能，我们就不要盲目推销。

实际上，任何产品都有自己的不足之处。

用心说话

聪明的销售员一般会“不打自招”，为了打消客户的疑虑，他们会主动说出一些产品的不足之处。

有时候，当客户购买产品以后，发现了问题，这时候，销售员要主动站出来承认错误，并主动帮助客户解决问题。这样，不仅为客户减少了麻烦，而且帮助他们有效地解决了眼前的困境，客户非但不会追究责任，还会被你的责任心感动。

赞美你的客户，让客户产生好感

世界上最华丽的语言就是对他人的赞美，适度的赞美不但可以拉近人与人之间的距离，而且能够打开一个人的心扉。因为从心理学的角度来说，被别人承认是人的一种本质的心理需求。而作为一名销售员，能否站在客户的角度思考问题是衡量一名销售员是否优秀的关键。既然客户需要赞美，我们又何必吝啬我们的语言呢？我们的赞美是不需要增加任何成本的销售方式。

赞美不仅仅是一种心理策略，更是一种艺术。赞美不仅有“过”和“不及”，而且还有赞美对象的正确与否，不同的顾客需要不同的赞美方式。

赞美方式的正确选用和赞美程度的适度把握，是对客户的赞美能否达到实效的重要衡量标准。

既然赞美在销售中能起到如此效果，那么，我们该怎样赞美客户，从而让客户产生愉快的心理呢？

（1）如果是新顾客，不要轻易赞美，只要礼貌即可。因为在大家还不是很熟悉的情况下就贸然赞美客户，只会让其产生疑心乃至反感，弄不好就变成了谄媚。

用心说话

赞美顾客是需要理由的，我们不可能凭空捏造一个点来赞美一个顾客，这个点一定是我们能够赞美的点，要有一个充分的理由来赞美顾客。这样的赞美顾客才更加容易接受，才能从内心深处感受到你的真诚，即使这是一个美丽的谎言，顾客也会非常喜欢。

（2）如果是老顾客，下次来的时候一定留意其服饰、外貌、发型等有无变化，有的话一定要及时献上你的赞美之词，效果会非常好。

（3）如果你要赞美别人，请你一定要从具体的事情、问题、细节等层面赞美。

比如，你可以赞美其提问题比较专业或者看问题比较深入等，这样有时反而让客户感觉你的赞美很真实、真诚。

（4）用自己的语言表达出来。对客户的赞美要通过我们自己的语言，以一种自然的方式表达出来，如果你用过于华丽的辞藻来说明生活中和工作中经常遇到的一件事情，那么客户就会认为你是一个太过做作的人，顾客对你的信任就会大打折扣。所以用自然的方式来表达你的赞美是一种非常好的方式。

（5）在恰当的时候真诚地表达出来。对顾客的赞美要在适当的时机说出来，这个时候才会使你的赞美之词显得自然，同时对于顾客的赞美可以适当地加入一些调侃，这样更加容易调节气氛，让顾客在心里感觉非常舒服。

（6）最好借别人之口去赞美顾客。比如你可以说："是的，刚才旁边的那个客户也说你很有品位！"再比如，客户购买完产品后，总是怀疑自己买亏了或者买的不合适，所以他们会去询问身边的朋友、亲戚、家人以判断自己所买产品是否合适。

用心说话

如果你能对他说：“先生（小姐），您真是太有眼光了，大家都对您选购的这个产品赞不绝口！”顾客听后心里一定会很舒服！

总之，能巧妙地赞美客户，可以说你就掌握了与准客户交往的通行证。作为一名推销员尤其要学会赞美别人，养成赞美别人的习惯。在销售中巧妙地运用赞美，把赞美之言说到客户心里去，从而使推销工作事半功倍。

第8章

社交沟通，三言两语间让对方喜欢你

生活中，我们每天都要与人打交道，自然免不了要说话。而说话谁都会，但要将话说到位，通过说话给人留下好的印象，却未必人人都能做到。世界著名心理学家阿德勒曾指出，要紧紧抓住对方的内心，靠的不是渊博的知识，而是准确地掌握对方的心理。同样，为人处世，我们说话的效果如何，不在于见多识广或表达之难，也不在于有没有直抒己见的胆量，而在于能否看透对方的内心，并运用自己的语言影响到对方的内心世界。也只有做到这一点，我们才能操纵对方心理，故而达成我们的交际目的。

适度寒暄，巧妙炒热现场氛围

生活中，我们与人打交道，会遇到这样的情况：大家似乎都不愿意主动开口而导致场面冷清、尴尬，此时，我们该如何是好？要知道，开口交谈是人际交往中最重要的步骤之一。处理好这一步可以使交谈气氛迅速融洽起来，使我们结识很多有趣的朋友，如果处理不好则会引起尴尬，失去很多机会。可见，用语言暖场是我们要掌握的重要心理策略。而用语言暖场，并不是毫无章法的。

有人因为善于表达说出悦耳的话而备受大家欢迎，有人则因为表达方式不当而在人际交往中吃亏。因此，从人们的心理角度看，每个人都希望别人能说出自己喜欢听的话。我们要想做好暖场工作，需要从以下几个方面努力。

有一个人请客，眼看时间就要到了，可一大半的人还没来，主人很焦急，便说：“怎么搞的，该来的客人还没来？”一些敏感的客人听了，心想：“该来的没来，那我们是不该来的了？”于是便悄悄地走了。主人本想打破沉寂，活跃一下现场的气氛，但却因为说错话，致使在座的客人离开了。可见，暖场的话也不是随便说的。

用心说话

在尴尬的场面中，大家都不愿意开口，只有处理好这一场面，用语言消除尴尬，才能开启社交的第一步。

尴尬场面

轻松氛围

1. 保持良好的说话态度

人际交往中，我们说出的话就像那些“散出去的鸡毛”，是很难收回来的，尤其是在公共场合下，我们说的每一句话都会产生或好或坏的影响。正是这样，无礼的言行就像留在他人心中的伤疤难以愈合。如果一针见血地指出他人的缺点，他人可能会错把自己的好心当成恶意对待，费力不讨好。因为自己说话方式不妥当，别人会把自己的忠言当作胡言乱语，要么敬而远之，要么置之不理。说话太鲁莽，不经过大脑思考，只会伤人伤己。

2. 以对方感兴趣的话题暖场

一般而言，说话时要选择大家都感兴趣的话题，而不是只顾自己说，否则他人就会感到厌倦，也就是我们常说的没有共同语言。如果我们能很好地找到共同感兴趣的话题，会使他人感觉你很亲切，很了解他，找到了知己，双方就会快乐不已，感情会随之深厚。

那么，在公共场合，我们可以选择大家都关注的一些话题，比如，时事政治、体育、房价等，即使在场的人不是很了解这些，但也能插上几句，不至于冷场。当大家你一句我一句时，我们的语言也就起到了暖场的作用。

3. 幽大家一默

公共场合，适度幽默能迅速引起大家的注意，并能起到良好的沟通作用。

用心说话

公共场合，说话中巧妙运用幽默能够起到很好的效果，它既表明一个人是否具有道德修养，还有助于和谐交往、化解矛盾与冲突。

古人曰：“口者，心之门户也。”语言表达的技巧是心灵沟通的桥梁。是否会说话，不仅有利于自己开辟出更广阔的交往空间，而且能使他人感到快乐与温馨。人际交往，尤其是公共场合，学会如何暖场是掌握说话艺术的重要部分！

言语低调，展现你的平和

中国有句俗语：“低调做人，高调做事”，其中的低调做人就包含说话这门艺术。尤其是当双方地位悬殊，而对方的地位较低，与之说话，如果我们低调一些，会满足普通人的自尊心，会给对方留下容易亲近的印象，这样的讲话方式理所当然会受到对方的欢迎。

可见，与地位低者说话时放低姿态，不仅能拉近双方的距离，而且更容易沟通，更容易让对方从心理上接受自己。

那么，我们具体该怎样运用低调说话这一心理策略呢？

1. 沉默是金，不要抢着发言或说话

真正的说话技巧，并不是不放过任何一个说话的机会，而是懂得适时地说话。低调说话，就是需要我们懂得沉默。说话低调，可以给自己留下回旋的余地，不至于让自己陷入尴尬与难堪。沉默是金，这也许并非人生箴言，但却是许多风雨人生的凝聚。早在白居易的诗中，就有“此时无声胜有声”的意境。达到了语言所表达的极限，便需要用沉默来体会和理解。当我们沉默的时候，就给了对方更多的说话机会，自然容易得到对方的好感。

用心说话

任何时候，我们都不要抢着发言，即使对这个问题有处理办法，也只需建议别人应该如何去做，而不要说应该怎样去做。

2. 不要当面指出别人的缺陷和过错

任何人都是爱面子的，尤其是当自己犯了过错或者被人发现某种缺陷时，更希望别人不要指出来。但生活中，总是有那么一些人，与人交谈，只逞一时口舌之快，有意或无意地对他人造成了伤害，有时一句侮辱性的语言完全可能葬送深厚的友情。因为，没有人能彻底忘掉别人对他的侮辱，即使那个人曾经有恩于他，或者他们曾经是好朋友，所有这一切，都无法弥补你在语言上对他人造成的伤害。

3. 开玩笑要有分寸

小李是公司的帅哥，他现在在一家外企上班。正因为他长相英俊，他在大学时有“恋爱专家”的雅号，而毕业后，他在众多的异性朋友中选了貌若天仙的丽作为女友。也许是为了炫耀自己的能耐，小李带着丽去参加朋友的聚会。

就在大家天南海北闲谈的时候，“快嘴”王换了话题，谈起了大学校园罗曼蒂克的爱情故事，故事的主人公自然是“恋爱专家”小李。“快嘴”王眉飞色舞地讲述小李如何引得众多女生趋之若鹜，又如何在花前月下与女生卿卿我我。丽开始还觉得新奇，但越听越不是滋味，终于拂袖而去。小李只好撇下朋友跑出去对丽作解释。

实际上，我们都知道，“快嘴”王不是有意要揭小李的伤疤，但他的追忆往事确实使丽难以接受，最终拂袖而去。这不仅使小李费不少周折去挽回即将失去的爱情，而且使在场的人也不高兴。可见，有时候，口下留情很重要，开玩笑可以活跃气氛，但玩笑却不能乱开。否则，你就会成为不受欢迎的人。

从以上三点，我们可以看出，说话谦虚低调不仅是一种美德，更是一种明智的说话策略，也是我们在人际交往中必须掌握的处世方法！

巧妙打圆场，给他人找个台阶

中国人素来爱面子，尤其是在人际交往中，更是处处怕丢了面子，这是中国人的普遍心理。但人们在处理人际关系的时候，也会因经验或能力的不足而面临尴尬的局面，或与客户争吵，或被上司批评，或被同级嘲笑等，此时，他们都希望保全面子，保持尊严。

此时，如果我们能巧妙地打圆场，帮对方找一个台阶下，从而使其摆脱难堪的局面，那么，对方一定会从心底感激我们。

所谓打圆场，是指交际双方争吵或处于尴尬处境时，由第三者出面进行调解的一种方法。打圆场运用得好，有利于打破僵局，解决问题，还可以融洽气氛、消除误会、缓和矛盾、平息争端、联络感情。

可见，交际中遇到尴尬的场面时，做到审时度势，准确把握双方的心理，然后运用说话技巧，恰到好处地及时出面打圆场，化解尴尬，维护交际活动的正常进行，则显得十分重要和宝贵，也确实是十分必要和值得重视的。

那么，我们在交际中，怎样才能不失时机地打好圆场，给他人找到台阶呢？

1. 找个借口，给对方台阶下

有些人之所以在交际活动中陷入窘境，常常是因为他们在特定的场合做出了不合时宜或不合情理的举动，于是就进一步造成了整个局面的尴尬和难堪。在这种情形下，最行之有效的打圆场的方法，莫过于换一个角度或找一个借口，以合情合理的解释来证明对方有悖常理的举动在此情此景中是正当的、无可厚非的和合理的，这样一来就解除了对方的尴尬，原本的交流也能得以继续下去了。而我们在无形中也多交了一个朋友。

2. 侧面点拨

即不作直言相告，而是从侧面委婉地点拨对方，使其明白自己的不满，打消失当的念头。这一技巧通常借助于问句的形式表达出来。

3. 审时度势，让各方都满意

在某种场合，当交际双方因彼此不满意对方的看法而争执不休时，很难说谁对谁错，作为调解者应该理解争执双方此时的心理和情绪，以免加深双方的分歧。此外，还要对双方的优势和价值都予以肯定，在一定程度上满足他们的自我实现心理，在这个基础上，再提出双方都能接受的建设性意见。

4. 转移话题，制造轻松气氛

当尴尬或僵局出现时，有些人由于情绪上的冲动，往往会在一些问题上互不相让。所以，我们在打圆场时，不妨岔开他们的话题，转移他们的注意力。

用心说话

这里，小李就使用了委婉点拨的技巧。面对小张的发问，他没有直接回答“是”还是“不是”，而是将话题一转，给对方出了个难题，而这个难题又正好能起到点拨对方的作用，既暗示了“小王是我的好朋友，我是不会和你合伙议论他的”，又隐含了对小张背后议论、贬损小王的不满。同时，由于这种点拨较委婉含蓄，所以也不至于让对方太难堪。

在交际场合中，如果某个较为严肃、敏感的问题导致交谈双方很对立，甚至阻碍交谈正常进行时，我们可以暂时回避一下。通过转移话题，用一些轻松、愉快的话题来活跃气氛，转移双方的注意力，或者通过幽默的话语将严肃的话题淡化，使原来僵持的场面重新活跃起来，从而缓和尴尬的局面。

用心说话

如朋友之间为了某个问题争得面红耳赤，僵持不下时，可以适时说一句笑话，让双方的情绪平缓下来，在轻松的气氛中使尴尬消失殆尽，使交际活动得以顺利进行。

有时候当人们因固执己见而争执不休时，造成僵持局面难以缓和的原因往往不是双方的看法本身，而是彼此的争胜情绪和较劲心理。实际上，对某一问题的看法常常不是固定不变的。随着环境的变化和角度的转移，不同乃至对立的看法可能都是合理和正确的。因此，我们在打圆场时要抓住这一点，帮助争论双方换一个角度来看待争执点，灵活地分析问题，使他们认识到彼此看法的相对性，从而让双方停止无谓的争论。

总之，打圆场是一门语言艺术，但打圆场必须从善意的角度出发，以特定的话语去缓和紧张气氛，调节人际关系。而从我们自身来说，掌握交际双方的心理，运用说话技巧，帮人夺回面子，也可以使我们在交际场合左右逢源。

忠言也可以动听，更易让人接受

俗话说“人无完人”，我们犯错误，并不能说明我们一无是处；反之，一个人做了一件好事，也不能说他做的每件事都是好的。在人际交往中，当发现交际对方的过失而必须指出来时，不能不顾及对方的颜面。我们只有做到忠言而且顺耳，才能让他人心存感激；而如果我们坚持“忠言逆耳，良药苦口”的原则，说话过急或过火，必然会招致对方的厌烦。当然，过轻或过迟，对方则可能根本意识不到。

那么，我们怎样做才能忠言顺耳又能说到对方心里去呢？

1. 先讲自己的过失

在日常生活中，所有的批评和建议如果只提对方的短处，对方在心里肯定会感到不平衡，或者感到委屈。最有效的办法之一就是先讲自己的缺点和过错。

因为你讲出自己的错误，就能给对方一种心理暗示：你和他一样都是犯过错的人，这就会激起他与你的“同类意识”。在此基础上再去批评或提出建议，对方就不会觉得失面子了，因而也就更容易接受你的批评和建议，你的忠言也就通过顺耳的方式传递给了对方。

用心说话

只有及时和含蓄地提出批评，让忠言不再变得逆耳，才能发挥应有的作用。当然这里说的含蓄应遵循不失实、不就轻的原则。

2. 委婉表达，含蓄指出对方的过错

人都是有自尊心和荣誉感的，有的人之所以不愿接受批评或建议，主要是由于怕触伤自己的自尊心和荣誉感。为此，我们在对他人批评和建议时，如果能找到一种含蓄委婉的方法，就会达到使其改正错误的目的。

现代社会，人际交往中，采用委婉方法指出对方的过失也不失为一个好方法。

3. 欲抑先扬，给足对方甜头后再提出

人们常说："良药苦口利于病，忠言逆耳利于行。"这是一个道理，但却不是日常交流中普遍适用的法则。人和人的感情不仅需要培养，更需要维护，而且规劝批评别人，正是以维护的目的去做的，那么，我们何不让苦口的良药裹上糖衣呢？将劝谏委婉地说，甜到对方心里，让对方在接受建议的同时还心存感激！

把话说圆满，不给他人反驳的余地

俗话说，覆水难收。说话也是一样，我们要想对自己说出的话不后悔，就要谨慎说话。在人际交往中，我们更要三思而后言。

因为从心理学角度看，人们一旦发现一些有漏洞的语言，不由自主会产生想要纠正的心理，而一旦对方提出反驳的问题，就会让我们尴尬，而同时，人们对那些说话不谨慎的人，都有防备心理。

总之，与人交往，只有谨慎把握自己的言语，才能打消他人的反驳心理，说话也才能使对方心服口服。具体来说，在运用这一心理策略的时候，我们要从以下几方面努力。

1. 注意修饰自己的语言，让语言打动人

通常人们都不会意识到说话用词给人以形象的重要性。实际上，讲话如果能让对方眼前浮现出各种各样的形象，听众就会感到轻松、惬意，并愿意继续听下去。

相反，如果话题含糊笼统，语言索然无味，那么，恐怕只会让对方昏昏欲睡，提不起聊天的兴趣，甚至对你产生厌倦的情绪。

用心说话

黄昏之时，那些约会的青年男女，都希望自己以清爽的形象去面对所爱的人，一句“约会前，请先擦一下皮鞋吧！”说到了青年男女的心坎上。可见，这位聪明的擦鞋童，正是在自己的话语里放入了“为约会而擦鞋”的温情爱意。

2. 以事实说话

人际交往中，我们要想让自己说出的话更有说服力、无懈可击，就需要从事实出发，让对方无法反驳。

3. 说话要把握分寸

卡耐基说：“好口才是社交的需要，是事业的需要，是生存的需要。它不仅是一门学问，还是你赢得事业成功常变常新的资本。”

用心说话

一开始，这位病人是想用迂回的暗示法将自己的批评信息传递给医生，让医生接受批评，向自己道歉。但医生并没有领会他的意思，因此他才更加恼火，最后直截了当地将医生迟到、耽误病人时间的事实说出来，医生才明白过来并接受了批评。

但是，能说话不等于会说话，只有把握好说话的分寸，才算掌握了开启成功之门的钥匙，如此才能把话说到人的心坎上，达到“一语惊起千层浪”的效果！

总之，我们与人交流，要把握对方的心理，说出让对方心服口服的话，对方才更容易接受我们！

说点甜言蜜语，让他人心生欢喜

人，总是希望得到他人的赞美。无论是牙牙学语的孩子，还是白发苍苍的老人，都希望获得来自社会或他人的恰当赞美，从而使自己的自尊心和荣誉感获得满足。有位企业家说过：“人都是活在掌声中的，当下属被上司肯定，他才会更加卖力地工作。”同样，我们与人交际，嘴甜一点，把赞美、恭维的话说到对方心里去，会让对方喜欢与我们相处。

人们喜欢被恭维，但对于那些肉麻的奉承，则会感到恶心。那么，人们究竟希望得到什么样的赞美呢？我们又该如何巧妙地赞美他人呢？

1. 发自内心地恭维

当我们真诚地赞美别人时，对方也会由衷地感到高兴，并对我们产生一种好感。所以，要想缓和增进双方的关系，拉近彼此的距离，不妨对其使用真诚的赞美。

如果我们对一位清洁工人这样恭维：“您真是一位成功人士啊！您具有非凡的气质，您是一位伟大的人！”对方一定会认为我们太虚伪，因为这些话好像和他没有一点关系。

用心说话

恭维别人，一定要发自内心并有据可依。唯有这样恭维他人，才能抓住对方的心，才能获得对方的好感，从而改善人际关系。

2. 间接恭维

要赞美一个人，直接赞美固然能起到作用，但间接赞美的效果更明显。比如，如果我们当面说别人好话，说得不当可能会被认为我们在奉承他、讨好他；然而在背后说这些相同的好话时，被赞美者就容易接受我们的赞美之词，也容易领情。

如果我们当着上司和同事的面赞美上司，同事们会认为我们在讨好上司，拍上司的马屁，从而引起周围同事的反感。而且，这种正面的赞美所起到的效果也是不明显的，甚至还会起到反作用。与其如此，我们不如在上司不在场时，对上司“大力吹捧”一番。而我们所说的这些好话，会很快传到上司的耳朵里。

当然，间接赞美不仅包括背后赞美，我们还可以借助第三者赞美。多在第三者面前赞美你想赞美的人，是你与那个人改善关系、增进交往的最有效方法。

3. 恭维的话要说得具体

赞美要具体，不能含糊其词，否则会让对方感到混乱和窘迫。赞美越具体，说明你对被赞美者越了解，也更容易让对方接受你的赞美。

4. 把握恭维的度，话要说得恰如其分

真诚的赞美应该是恰如其分的，不空泛、不夸大、不含糊、具体、确切。而且，所要赞美的事情也并非一定是大事，即使是别人的一个很小的优点，只要给予恰如其分的赞美，就不属于“拍马屁”。

的确，赞美的目的是对对方表示一种肯定和欣赏，让对方从我们的话中领会这些含义。然而若是赞美不当，就如同隔靴搔痒，不仅起不到好的作用，反而更像“拍马屁”，引起对方的反感。

用心说话

我们要想让对方感到愉悦，就应经常在第三个人面前赞美他，这种赞美要比一个帅气的男人站在你的面前说："我是您忠实的崇拜者！"听着更让人舒坦。

总之，爱听恭维的话是人的天性，人人都喜欢正面评价，不喜欢负面评价。如果在人际交往中人人都乐意赞美他人，善于夸奖他人的长处，那么人际交往间的愉快也将会大幅增加。为了让我们的人际关系更加和谐，请不要吝啬你的赞美，多给予你身边的人一些由衷的赞美吧！

第9章

谈判博弈，博弈前要摸清对方弱点

生活中，谈判无处不在。谈判不是那些外表风光的外交官的专利，它一直都是人们日常生活中不可或缺的组成部分。因为谈判是我们获得权力和利益的重要手段。谈判中，最主要的自然是“谈”，只有通过“谈”，谈判双方才能达到信息流通，从而达成协议的目的。而其中，最要紧的莫过于取得谈判的主动权，而要做到这一点，我们就需要掌握对手的心理，通过说话让对方无力反击，建立心理优势，从而使谈判结果有利于我们。

适时来点小幽默，缓解谈判氛围

谈判过程中，因谈判双方利益点冲撞严重等不可调和的矛盾，使谈判陷入僵局是常有的事。谈判一旦陷入僵局，自然会影响谈判效率。

谈判专家指出，谈判僵局一旦处理不好，就有可能把谈判逼入死胡同；相反，如果能够恰当地应用策略和方法，还是可以“起死回生”的。面对谈判僵局，“只剩下一小部分，放弃了多可惜”“已经解决了这么多问题，让我们再继续努力吧”，这种说话技巧并不一定能起到打破僵局的作用。此时，我们不如适当加入幽默的成分。当谈判陷入僵局时，人们是紧张的，谁也“不敢越雷池一步”，因为谁先表态，就意味着谁先放弃谈判立场，而如果我们能加点幽默，说点让大家诙谐一笑的话，双方紧张与尴尬的氛围会立即得到缓解。不拒绝任何渠道的快乐是人们普遍的心理。

尤其是当对方因情绪激动而说出令场面更加僵化的话来，如果我们能随机应变地来点恰到好处的幽默话语，既有力又不伤和气，可谓出奇制胜。

那么，我们在谈判中该怎样运用这一心理策略呢？

用心说话

幽默能减少人们之间的紧张对立。双方代表各自的利益，恐怕很难轻易地让步，谈判期间必有一番唇枪舌剑的辩论，有时甚至到了剑拔弩张的地步。这时，如果某一方代表说句幽默的话，或讲个小笑话，就会使紧张的气氛得到缓解，双方可以继续谈下去。

1. 转移话题

转换话题也就是不谈和谈判议题有关的事，只谈一些毫不相关的话题，以使双方紧绷的神经得到暂时的放松。当然，聪明的谈判者还可以通过这些看似不相关的话题引起对方的兴趣和共鸣，作为下一步双方谈判的主旋律，并且将话题逐渐引到正题上，使对手在不知不觉中就上了自己的当，从而为打破僵局、抢占谈判主动权赢得先机。

在社会生活中，出奇制胜的例子还有很多，它们全都在意志、情感的接轨点上灵机启动，在笑语中成功地打破谈判僵局，达到说服人、征服人、感染人的目的。

另外，话题的转移有相当的难度，须有对语言驾轻就熟的技巧。话题转移得不好，有时虽然能暂时缓和一下紧张的气氛，但对于大局并没有什么益处。转移的话题必须视具体情况和对象，就近转移，不能不着边际，随心所欲，风马牛不相及。

2. 兜圈子

谈判过程中，我们都有自己的立场，在运用兜圈子这一心理策略的时候，我们要记住，使谈判绕了一个圈子，多走了一些弯路无伤大雅，但一定要成功地到达终点，达成双方都能接受的协议。也就是说，兜圈子的话题主旨不能变，虽然不涉及正题，但必须与正题有关，不管绕多少圈子，牛鼻子始终不能放，做到“形散神不散”。

总之，恰到好处地使用幽默，有利于打破僵局，使冷场的窘境在笑声中得到缓解，从而操纵谈判对方的心理，为我们达成谈判目的铺平道路。我们要学会理解幽默和善于运用幽默，还必须从两个方面加强修养：一方面要不断清除自身琐碎的缺点和陋习，陶冶自己的情操，提升自己的人格；另一方面要努力学习，经受实际考验，使自己富于才华和机智，以便遇事时能表现出敏捷的思维和机智的应变能力。

谈判的话要抓住重点，对方自然会认同你

在这个商业社会的信息时代，时时刻刻都面临着各种各样的谈判。谈判，打的就是一场心理战。

等到真正谈判开始，就进入心理角力战，临场反应很重要，我们要顺利达到自己的目标，就得掌握微妙的人性心理，并通过语言成功操纵对方的心理。如果我们能把话说到对方的需求点上，那么，对方便会自发地认同我们。

只要我们把话说到对方的需求点上，让对方认同我们的观点，那么，它给我们带来的利益就是无法估量的。这一点，同样适用于谈判过程中。谈判双方，都有一个需求点，我们在谈判前，要先找出这个需求点，然后围绕这个需求点，把快乐说够，把痛苦说透，从两方面加以陈述，对方必会在心里接受我们的谈判建议。

我们需要从以下三个方面来述说这个需求点。

1. 把痛苦说透

心理学家卡尼曼和特沃斯基发现，损失给人带来的心理冲击是同样数额的获利给人带来的心理冲击的2.5倍。怪不得人们要在本应削减损失的时候仍然苦苦坚持。

研究表明，如果购买的股票价格迅速上升，人们往往很快将其出手，锁定利润。然后，他们就可以向朋友吹嘘自己的判断力如何准确。然而，如果股票价格大跌，人们则趋向于继续持有股票，等待价格回升。结果，投资者卖出了应该继续持有的股票，而保留了应该出手的股票。

这就是人们害怕损失的心理在作怪。从这一现象中，我们可以获取一项谈判经验，那就是将对方未达成协议的痛苦说透。

再如，谈判的内容通常牵连甚广，并不是单纯的一项或两项。

在有些大型的谈判中，议题最多时可达70项。当谈判内容包含多项主题时，某些项目可能已谈出结果，而某些项目却始终无法达成共识。

这时候，你可以反面“鼓励”对方：“看，许多问题都已解决，现在就剩下这些了。如果不一并解决的话，那不就太可惜了吗？”这就是一种用来打破谈判僵局的说法。它看起来虽稀松平常，实则能发挥巨大的效用，所以作为谈判的利器值得被广泛地使用。

2. 把快乐说够

比如，客户要购买一批产品，但总是在利益上不愿意让步。那么，我们应抛开利益点，把对方购买产品后的利益说透，让对方感觉物有所值。因为双方的利益是既定的，那么，我们就要做好分配工作，让对方在最少的利益点上获得最高的快乐情绪体验。

用心说话

如果股票迅速上涨，人们会迅速出手，但是当股票猛烈下跌时，人们反而会因为害怕损失而无法迅速出售很可能会继续贬值的股票。

3. 适当让步

是否知道何时该退出交易，显示了交易者是否聪明。喜剧演员菲尔兹说得好：“如果开头失利，还需继续努力。如果还不成功，就放弃，没必要在一棵树上吊死。”然而，很多谈判者往往忘记了菲尔兹的建议，顽固地坚持到底，这样做的后果无疑是失去谈判的机会，损失利益。

用心说话

我们在作出让步前，要做好“坚持”工作，并对对方说：“恐怕我作出的让步，会让我自己很为难。”这样，会让对方觉得你作出的让步是个艰难的决定，他也会觉得自己占了很大的便宜。

总之，我们在谈判的时候，一定要抓住对方的心理，也可以概括成：追求快乐，逃避痛苦。这是人的本性。抓住这一心理说话，我们要做的工作也只有一个：把快乐说够，把痛苦说透，帮对方建立一种意愿，从而使其认同我们，这样我们的谈判工作离成功也就不远了。

利益展示法，让对方认可

在这个现实社会中，每个人都有自己内心的需求，而对于大部分谈判者来说，争取最大的利益就是他们的内心需求。事实上，利益就是他们的死穴。如果你能攻进他们的死穴，展示令人垂涎的利益，就能让对方心服口服。否则，只靠声音大或死缠烂打地诡辩，根本不算是“说话高手”或“谈判高手”。

在买卖双方达成一笔交易时，双方都会竭尽全力维护自己的利益。通常的谈判也最容易将谈判的焦点集中在价格上。

但是，如果在商业活动中，大家都遵循这样的谈判原则与技巧，往往会使谈判陷入一种误区。这种传统的坚持立场而非利益的谈判方式常常导致最后谈判的各方不欢而散，以致破坏了双方今后的进一步合作。

因此，当客户批评自己产品时，销售人员应保持平和的心态，这也体现了一个销售员的修养。然而，很多销售员在介绍产品时，一听到客户抱怨产品，就按捺不住怒火，有的甚至和客户理论起来，这是万万不可的。

此时，我们就应该抓住对方的心理，从对方所渴求的利益说起，或许会收到截然不同的效果。

用心说话

人生时时刻刻都需要谈判，现实世界就是我们的谈判桌。而是否能攻心谈判，将是我们能否取得成功的关键因素。

作为销售方的谈判者，要从客户最关心的利益出发，让客户明白如果购买了对手公司的产品，会带来利益上的损失；然后说出自己产品的优势，这样，经过对比，客户自然会做出正确的选择。

那么，在谈判过程中，我们该怎样向对方展示利益呢？我们可以从以下几点出发。

用心说话

这里，作为销售方的谈判者，也就是抓住了客户担心产品质量的心理，从事实出发，从而打消了客户的疑虑，最终让客户觉得购买该产品物有所值。

1.“减少付出”利益谈判法

谈判涉及的是谈判双方。在我们看来，如果我们希望对方以某个条件答应成交，那么，我们就需要让对方觉得，这样的条件达成共识是可取的。比如，在商务谈判中，我们可以利用产品价格对比法，也就是销售人员用所推销的产品与同类产品进行比较，用较高的同类产品价格与所谈的产品价格作对比，从而让客户明显感觉便宜的方法。很明显，所谈的产品价格明显低了许多。但运用这一策略时，销售人员手中至少要掌握一种较高价格的同类产品。当然，掌握得越多越好，这样才更有可比性。

2.“物有所值”利益谈判法

客户：我觉得你们的设备挺符合我们的要求，只是在质量方面，我还是有点担心。因此，我觉得有些贵。

销售方：这个您完全可以放心，国家质检部门已经做过多次检验了，我们所有的设备合格率是90%以上，而且这型号的设备质量比其他的都好，它的合格率已达到了95%，而其他公司的同款产品合格率才85%。

客户：是吗？

销售方：是的，您看，这是产品相关的质量合格证、质检部门的检测报告……

客户：是这样啊。

销售方：目前这款设备已经在全国20多个城市销售了100多万台，重要的是直到现在我们仍然没有接到任何关于这款设备的退货要求。所以，您大可放心使用。

这一销售谈判法同样适用于其他任何谈判中，只要让对方看到他希望得到的利益，对方一定会认可，并顺利接受谈判建议！

适时转换话题，打破谈判僵局

谈判充满了变数，并不是每次谈判都能够顺利进行。谈判时，因为谈判各方利益点的冲突或因为谈判某方语言方式让人接受不了等，使谈判陷入僵局是司空见惯的。每一位谈判者或早或晚都将面对谈判的困境。

分歧的确令双方都非常难堪，但又很难避免。造成谈判困境的原因有很多种，如价格上的分歧、交易条件上的分歧、售后服务方面的分歧等，双方要么沉默相对，要么索性终止谈判。这是双方都不愿面对的局面，会给各自企业带来损失，对谈判个人来讲也是时间上的浪费。那么如何能够化解矛盾，摆脱谈判僵局呢？

许多经验欠佳的谈判手在困境面前不知所措，认为谈判即将破裂，没有办法扭转局面，完全丧失了继续谈下去的信心。其实在实际谈判中真正的僵局少之又少，很多僵局都是有办法打破的。

很多时候，对于谈判新手来说，僵局听起来好像是死胡同，可对于优秀谈判高手来说，它们只是一个插曲罢了。无论什么时候，你都可以采取一种非常简单的策略来打破这些僵局。该策略被称为“暂置策略”，也就是转移话题。

用心说话

我们知道，谈判少不了说话，谈判中，陷入僵局，也就是说我们说出了令对方不悦的话。如果我们及时转变话题，把话说到对方心里去，谈判双方的心情便可以得到舒缓。

当谈判双方陷入僵局时，恰逢时机地转换话题是打破僵局的关键。从心理学角度看，因为此时双方的心情都是压抑的，如果我们再纠结在原本无法解决的问题上，那么势必会使气氛更加沉重，从而不利于谈判的进行；而如果我们能转化换话题，就能转移对方的注意力，从而缓和气氛，进入再度谈判的过程。那么，谈判中，我们该如何转移话题呢？对此，我们需要注意以下几个方面。

（1）千万不要混淆僵局和死胡同。所谓僵局，就是指谈判双方就某一个问题产生巨大分歧，而且这种分歧已经影响到谈判的进展了；所谓死胡同，也是指谈判双方产生了巨大分歧，只不过这种分歧使双方都感觉似乎没有必要再继续谈下去了。谈判过程中很少会出现死胡同，所以当你以为自己进入死胡同时，你很可能是遇到了僵局。

（2）先在小问题上赢得对方的共识。你可能会问："如果我们不能在价格和付款方式等重要问题上达成共识，为什么还要浪费时间讨论那些微不足道的问题呢？"可优秀的谈判高手非常清楚，一旦双方在那些看似微不足道的小问题上达成共识，对方就会变得更加容易被说服。比如说："我们可以讨论一下这项工作的细节问题，你们希望我们使用工会员工吗？关于付款，你有什么建议？"

这样，你可以首先解决谈判中的许多小问题，并在最终讨论真正的重要问题之前为谈判积聚足够的能量。

用心说话

僵局是指尚可以商讨和解决的分歧，死胡同是指没有谈判余地的分歧，要注意区分。

以情动人，让对方主动退让妥协

有人说，谈判桌上永远是虚虚实实、真真假假，信息的掌握也各有不同，无论是谈判的哪一方，都希望用尽各种办法让对方相信他们更有优势。最常使用并且效果最佳的方法就是给对方施加压力，比如，他们会拿竞争对手来压你，他们会在谈判前对竞争者进行充分的调查，谈判时突然拿出数十份数据资料使你信以为真并让你接受谈判条件。

但事实上，无论是何种谈判，“用刑”不如“用情”。用点情说话，会更容易打动对方，让对方臣服于我们的真情实意，谈判自然会有利于我们。因为人都是有感情的，谈判中也会“感情用事”，即使谈判涉及利益问题，对方也可能会因为“情”作出“有失偏颇”的决定。

那么，我们该怎样用“情”说话，掌控谈判对方的心理呢？

1. 考虑对方的利益，从对方的角度说话

事实上，谈判双方在沟通的过程中都有各自的立场，若别人说话的立场和自己的不同，自然就会产生抗拒心理。聪明的谈判者应该和客户站在同一个立场，并从对方的角度出发来思考问题。

我们来看看下面的谈判案例。

某客户准备为自己的饭店购进一些桌椅，于是，他和家具公司的代表谈判。

客户："我觉得那套棕色木质家具看起来比较大方，而且我一直比较喜欢木质的东西……"

销售方："请问您的饭店大厅有多少平方米？"

客户："我的饭店有100平方米，买20套这样的桌椅应该放得下。"

销售方："您看一下这套家具的宽度，放在100平方米的饭店大厅里会不会显得剩余空间太狭窄了，其实主要是我们这个展厅比较大，很多人一进来就相中了这套家具，实际上那套小巧玲珑的家具更适合现代餐厅的布局，而且价格也比刚才那套实惠很多。"

客户："你说的对，我还是买小巧玲珑的那套吧。"

作为销售方的谈判代表，并没有为利欲熏心，而是从客户的实际情况出发，及时提醒了客户：购买贵一点的那套木质家具是不适合的。谈判者这样说，会让客户从心里感激他，并觉得他是一个具备高品质的人，自然毫不犹豫地达成了谈判的目的。的确，伟大的销售员总会在第一时间考虑客户的要求，一旦你掌握了这种方法，你的工作就能够顺利地开展下去，并且你做成的不只是一笔生意，还赢得了一名忠实的客户。忠实客户给你带来的利益是不可估量的。

用心说话

一位知名的谈判专家分享他成功的谈判经验时说道：“我在各个国际商谈场合中，时常会以‘我觉得’（说出自己的感受）、‘我希望’（说出自己的要求或期望）为开端，结果常会令人极为满意。”

2. 让信息流动起来

麦肯锡的一条著名原则是“让信息流动起来”，谈判中沟通的重要性从中可见一斑。

有人说，谈判中谁掌握的信息多，谁就掌握了谈判的主动权。此话不假，但实际上，如果我们能和对方多沟通，让信息流动起来，那么，便会减少很多不必要的误解。

用心说话

运用积极倾听的方式，来诱导对方发表意见，进而对自己产生好感。一位优秀的谈判高手，绝对善于询问以及积极倾听他人的意见与感受。

其实，这种行为就是直言不讳地告诉对方我们的要求与感受，若能直接有效地告诉对方你所要代表的立场，将会显示出我们的真诚，用真诚换真诚，这是最佳的谈判结果。但我们同时要切记“三不谈”：时间不恰当不谈；气氛不恰当不谈；对象不恰当不谈。

3. 说话要有耐心

无论多么简单的交易，我们都要充满耐心，即使是一个很小的环节。人们经常因为没有花时间系统地质疑自己的先入之见，或者考虑清楚交易的原因，而身陷糟糕的交易中。心理学家把这种急切的心态称为“确认陷阱”——他们没有去寻找支持自己想法的证据，同时又忽视了那些能证明相反意见的证据。

而从谈判对方的角度看，我们在谈判中，说话越是有耐心，他们越是能感受到我们的素质和修养，也自然愿意与我们合作。

4. 多询问对方的意见和想法

询问与倾听的行为，是用来控制自己，让自己不要为了维护权利而侵犯他人。尤其是在对方行为退缩，默不作声或欲言又止的时候，可用询问的方式引出对方真正的想法，了解对方的立场以及对方的需求、愿望、意见与感受。

总之，谈判中，用“情”说话，让对方心服口服，比用尽心机让对方屈服的效果要好得多！这也是我们要掌握的重要的谈判策略之一！

第10章

甜蜜恋情，给爱情增温也需要懂点心理技巧

“金风玉露一相逢，便胜却人间无数”这句话的含义是，有情人哪怕短暂的相聚，便会陶醉在一刻千金的巨大幸福之中，这是恋爱中的人的共同体会。而实际上，有情人要成眷属并享受到爱情的甜蜜，沟通技巧是绝不可少的。因为，爱是需要表达和传递的。如果没良好的沟通，是很难达到这种体味柔情蜜意的巅峰的。实际上，爱恋，只有以言语沟通为媒介，才能将两颗燃烧的心融为一体。也只有通过言语沟通，才能使爱情迸射出耀眼的光彩。因此，恋人之间的言语要如春风，吹拂悸动的心灵，要如细雨，滋润干渴的心田，才能使爱情之花开得鲜艳夺目，芬芳四溢。

偶尔说点意外的言辞，让对方欣喜

男女之间谈情说爱，重在一个“谈”字，谈得好就有走到一个屋檐下，同吃一锅饭的可能；谈得不好，必然分道扬镳，甚至反目成仇。

可见，如何说话，说什么话，在恋爱伊始，有着举足轻重的地位。毕竟爱情是心与心的相撞，情与情的交流，如要对接得好，必须借助语言这门艺术的工具。在青年群体中，“沉默寡言”“老实忠厚”“过于拘谨”，绝不是理想的对象。你若能落落大方，谈吐自如，就有可能赢得对方的好感，把握对方情思的脉搏，开启对方情感的心扉。

俄国作家契诃夫有句妙言：“18岁的姑娘要你的一切，但什么都不愿意给你；30岁的姑娘什么都愿意给你，但只要你的一片真情。”

这就是说，随着时间、条件的变化，人的心理、情感也会变化。而对于那些初识的恋爱对象，当彼此之间的了解还十分有限时，我们只有说出特别的话，给对方留下特别的印象，我们才能迅速打开对方的心扉。

李德全和冯玉祥将军的故事正说明了这一点。

用心说话

恋爱双方，欲要谈吐入机、渐入佳境，达到两情依依的目的，了解对方的心理是必要的。

李德全就是因为有随机应变的口才而被冯玉祥将军看中的。当年，冯玉祥采取口试、对话的方式择偶。他先问对方：“你为什么要同我结婚？”有的姑娘羞涩地说：“因为你官儿大，和你结婚就是官太太。”有的女子钦羡地回答：“你是英雄，我爱慕英雄。”对于这些回答，冯玉祥都不满意。后来，遇到了皮肤黝黑、相貌平平而又不修边幅的李德全，她的回答不同凡响：“上帝怕你办坏事，派我来监督你！”幽默中显示出了她的才智，出众的口才令冯玉祥十分佩服。他们一拍即合，结下了百年之好。

一句“上帝怕你办坏事，派我来监督你！”果然与众不同，这句特别的情话让冯玉祥眼前一亮，他们一拍即合自然是情理之中的事。

的确，人们愿意听特别的情话，是因为它显得真实，而非流于言表的奉承之词。可见，我们在说话的时候，要根据交往对象的具体情况而定，从其心理出发，说出特别的话，也就容易得多。

那么，我们该怎样说话，才能显得特别并且打动对方的心呢？对此，我们可以采取以下步骤。

1. 谈吐大方，适当寒暄以消除双方的陌生感

第一次见面，男女双方总会有一些羞涩之感，但不要羞羞答答，遮遮掩掩，也不要惜字如金，嗫嗫嚅嚅，而要主动开口，坦率大方。

用心说话

你要尽可能了解对方的兴趣爱好，若交谈双方都颇感兴趣的话题，就容易心心相印，情感交融。

初次交谈没有固定模式。可单刀直入，开门见山，谈及自己的“概况”，如年龄、工作、文化程度、脾性、嗜好等；也可谈些天南海北的见闻，花草虫鱼、车马行人、电影电视、旅游观感之类不着边际的“闲话”。当然也可谈及一方了解、另一方又不甚熟悉的内容，只要对方肯洗耳恭听，就说明两人话语投机。你若谈对方熟悉的故事，需适当加上自己的评论，还要随时观察对方的“反馈”。有时，你不妨投“石”试情，谈到别人对你们之间交往的议论，这也许能探到对方的心思。当然，操之过急，急于求成，不注意分寸是不行的。至于对方的风度、才华、穿着、打扮，你表示赞赏，不谓不可，但也不能言过其实、任意夸大，充斥溢美之词，这反而会使人觉得你是一味讨好、奉承，从而引起反感。在赞赏之余，你可适当提出一点你的建议，比如穿戴怎样合体，房间怎样布置，生活怎样安排等。语言的表达应该清楚、直率，含糊不清、是非难辨往往容易造成误会。

2. 委婉表达，将表白的话语说得含蓄些

表达含蓄更合乎东方民族的传统习惯。向异性求爱，有些话是难以直言启齿的，完全可以说得含蓄些。电影《五朵金花》中的金花问情人：“蝴蝶飞来采花蜜，阿妹梳头为哪桩？”《阿诗玛》中的阿黑试探阿诗玛：“一朵鲜花鲜又鲜，鲜花开在岩石边，有人想把鲜花戴，又怕崖高花不开。”话虽含蓄，但真情溢于言表。

3. 促使爱情瓜熟蒂落，水到渠成

与恋爱对象交往不深或者是初次相见，好像处于云雾山中，许多情况只是初见端倪，未来还难以预测，所以，轻易就进入“实质性”交谈则显得过于唐突了。如果贸然说：“你心中的爱人是什么样的？”“啊，你太令我陶醉了，嫁给我

吧！”“我太爱你了，我跟你一辈子！”……只会落得个难堪的结局。须知“好雨知时节，当春乃发生”。对于一切谈吐，应顺其自然。那种出自真诚而又经过选择的话题才是令人喜欢的。通过多次交谈，仔细察言观行，你必然会对对方有深入的了解，到那时表白就瓜熟蒂落，水到渠成了。

俗话说，言为心声。如果我们能抓住恋爱对象的心理，然后驾驭好语言之车，我们就能在与恋人的接触中，将丰富的思想、复杂的情怀、微妙的心声用妥帖、与众不同的话语表达出来！

男人也要说点甜言蜜语，更易获得女人心

都说恋爱是人生最美的季节，情话是世界上最动听的语言。人们都说，任何一个女人都长着爱听甜言蜜语的耳朵，被异性赞扬，这是女性的普遍心理。然而偏偏有些笨嘴拙舌的男士，不是“爱你在心口难开”，就是词不达意，惹得心上人芳心不悦，亲口毁了一段美好姻缘。而那些会说甜言蜜语的男士，热情而又不失稳重、真诚而又不流于轻浮地表达爱意，即使被对方拒绝，仍能以言示诚，使对方被自己的赤心所感动，重新回归自己的怀抱。可见，是否会说甜言蜜语，是男士能否博得女人心的关键因素之一。

可能很多男士正在为如何传递爱语而发愁，那么，怎样才能较好地向对方吐露心迹并成功打动对方呢？请注意以下两方面：

1. 从细节处赞美女性

有人说，恋爱中的女人都是美丽的，也有“女为悦己者容”的说法。并且，恋爱中的女人尤其希望得到心仪的男性的欣赏与赞扬。因此，那些不善言辞的男生，可以从细节处赞美女人。

用心说话

在恋爱中适当说些甜言蜜语是有必要的，因为这样，才能向对方传递你对他的关注和爱意。

2. 甜言蜜语不可失分寸

这里的分寸，指的是男士在和心仪的女性说话的时候，要视和对方关系发展的深浅而定。

在现代生活中，尤其是对恋爱中的那些不善言辞的男士而言，不仅要有一颗解语的慧心，而且要有一张能言、善言的巧嘴，能够用美妙、精当的口才畅述真心、表达真爱，从而演绎一幕“美言抱得美人归”的浪漫爱情剧！

用心说话

在初次见面的时候，交谈用语要温柔谦虚，力避趾高气扬，唯我独尊。情态上，要表现得稳重、诚恳，切不可给人以浮华不实的印象。初涉情场，失去分寸是大忌。因此流露情爱应该含蓄、委婉。

表白的话越平实直白，越是让人感觉真实

语言是一门艺术，恋爱中的语言的作用更为明显。如果我们懂得表达，可以使彼此的感情迅速加深，彼此的心可以拉得更近；但是如果男女双方中的一位语言使用不当，就会造成彼此感情的疏远。

现代生活中，人们的示爱行为越来越由暗示性而趋向直接的亲昵动作，而且男女的个性差异在一部分开放的女孩中似乎正在消失。据心理学家分析，爱情的来临使人带有比平时更强的非理性化。人的行为中，感情、动作的沟通往往比语言要快。这也使得人们对概念中理想的爱情产生一种质疑。而事实上，人们更倾心于爱的传统表达方式——语言。

爱表达的越真实，越细腻，也就越能给对方信任，对方也就越有安全感。

那么，恋爱中的男女，该怎样把爱表达得更真实呢?

1. 坦率表达

这种表达爱的方式十分简明，直率，不虚伪造作，大胆毫无保留地向对方倾吐自己的感情，是属于一种单刀直入、直接挑明的方式。这种表达爱的方式固然直接，但却显得真实、可爱。

用心说话

恋爱中，双方关系能否取得突破，很多时候，要看我们如何表达爱。也有很多时候，在与爱情的交战中，我们不是输在“不爱”，而是输在不知道“如何表达爱”。

一般而言，对性情直率、喜欢开门见山的人宜用此法。

显然，对于几经磨难或交往比较深，有一定感情基础，或两个人已经暗地互相倾慕，只需“捅破那层纸”的双方来说，坦率地直抒胸臆表达爱情不但省力，而且也别有一番风味。

2. 悬念告知

当感情发展到一定程度，就应该抓住时机，向你的心上人表达爱意，恋人为了避免直接表白的生硬，常常巧妙地动用智慧，使得表达爱的方式新颖别致、真实。

这就是制造悬念求爱法：先制造一个悬念，有意让对方产生一个误解，给对方造成一种欲爱不成，欲割难舍的状态，“引诱”对方一步步“上当”，然后，突然使对方恍然大悟，实现爱的转折，出现先惊后喜的心理效果。

3. 借物暗示

心中有情而欲结良缘，又怕对方不答应，可以采用暗示法。这样，既不必担心得罪对方，又可以收到知其心意的效果。

总之，我们在用语言表达爱的时候，表达方式越特别，越真实，越能令对方心里充满安全感，我们的爱情也就越有保障！

用心说话

有些人会说，爱一个人是没有理由的，实则不然，爱一个人会留心观察对方的每一个细节，也会爱对方的每一个细节。

敏感问题要巧妙回答，打消对方内心顾忌

恋爱中，人们为了证明爱情的可靠，通常会问爱人一些敏感的问题。比如，如果一个男士因为贫穷而害怕失去自己心爱的女孩，他会问："如果给你5000万元，条件是离开你的爱人，你会同意吗？为什么？"如果这位女士的回答是："肯定会离开呀，这么多钱！"那么，这位男士必定伤心不已。再比如，尚未确定恋爱关系的一对男女，这位男士想更多地了解这位女士，他会问："你最希望从爱人那里得到的是什么？"如果这位女士回答："我希望我未来的丈夫能有车有房。"那估计这位男士会认为，这位女士是冲着自己的钱来的，再谈下去已无必要。恋爱中，我们经常会遇到诸如此类的敏感问题。此时，如果我们的回答能让对方满意，消除其顾忌，那么，这对于双方感情的增进是有帮助的。而假如我们不善言辞，那么，也可能使原本关系发展良好的两个人因此而产生隔阂。

在爱情的世界里，我们要经历各种各样的考验。当然，现实生活中，我们要想消除对方的顾忌和疑虑，从而获得爱情，所作的回答只需要让对方满意即可。

那么，在遇到这些敏感话题的时候，我们该怎样回答呢？

1. 领悟问题的含义，避免唱“独角戏”

一个性格内向害羞的年轻人，暗恋一位女同事很久了，可是一直不敢表白。后来这位女同事跳槽到另外一家公司了，临走的时候，给这个年轻人留了一封信。年轻人打开一看，信封里面只有一张用笔戳破了一个洞的白纸。年轻人一下子泄了气，心想：“她是叫我看破，不必太认真。”

年轻人失落了很长一段时间，心情才得以平复。两年之后，这个年轻人接到了那位女同事的电话，邀请他去参加自己的婚礼喜宴。

在电话中女同事说：“有一件事我想问你，你看过当年我留给你的信了吗？”年轻人叹气道：“看过了。”女同事问：“那你为什么没有再和我联系？”“你不是让我看破吗？所以……”没等他说完，女同事就气恼地说：“哪里是要你看破，我是要你突破！”

在这里，我们发现，这个年轻人之所以会失去一段珍贵的爱情，就是因为他没有正确理解女同事的意思，造成了误解。这就是唱“独角戏”带来的后果。如果他肯进一步与女同事沟通，他就会成为幸福的新郎。

2. 委婉表达

英国哲学家培根说：“交谈时的含蓄和得体，比口若悬河更可贵。”两情相悦，语言交谈是表达感情的重要方式，它直接反映着爱情的格调、品位，关系到爱的生存和死亡。

用心说话

面对一些敏感问题时，首先，我们要正确理解对方的用意，不要急于下结论。否则，就容易出现文不对意的结果，尤其是在说话的时候，即使你有出类拔萃的口才，也不要在约会时唱“独角戏”。恋爱是“谈”出来的，你一个人说，恋爱怎么会成功呢？只有双方你来我往、你言我语，感情才会逐渐加深。

由于每个人的性格、气质、修养、身份、经历的不同而形成不同的语言特点，或诙谐幽默，或直白平实；或真诚坦率，或含蓄委婉。过分的亲昵，肉麻的表白，反而显得缺乏修养，有时候山盟海誓更会让人感到缺乏真情。

可见，人们在谈恋爱的时候，如果能巧妙地运用“婉言”这一绝妙的交谈方式，情到深处就会充满温煦的阳光。

用心说话

初恋男女，彼此间的心灵尚未得到彻底沟通，各自都在揣摩对方的心理，品味对方的性格，甚至在衡量对方与他人的优劣长短。

“曲径通幽处，禅房花木深”，通过那弯曲的小道，去寻求幽静高雅花木葱茏的爱情胜境。他们会提出各种敏感的问题，只有用婉言才能更巧妙、更有效地打动对方的心，拨响爱的琴弦，提高恋爱的成功率；也只有用婉言才能在各种不同场合、环境下，产生美妙奇异的爱情。

“哪个男子不钟情，哪个少女不怀春”。爱情似一杯美酒，有醉人的醇香，也有恼人的苦涩。总之，处在谈情说爱季节里的年轻人们，不要因为自己不会“谈”、不善“谈”，结果把爱情变成了一杯苦酒，面对那些敏感的问题，要巧妙回答，然后把这些恋爱中的问题当成加深彼此感情的催化剂！

说点暗示自己吃醋的话，表达你对对方的重视

为了要证明自己和情人爱得有多深，有些人会仿效某些模范夫妻，抓紧每个当众表现亲热的机会，来表示情人有多爱自己；也有些人选择反证，借刺激对方的醋意，来衡量爱情的深度——对方越容易为自己吃醋，便表示对方越爱自己。可见，我们要想向对方表明爱意，可以说些暗示的“醋话”。

对于那些恋爱中的男女来说，都有这样的心理，那就是一旦存在了竞争者或者情感的威胁者，他们会立即采取措施，言语反击就是一个主动体现。比如，生活中，很多男孩会对自己心爱的女孩说：“为什么你身边总是有一些动机不良的人呢？我会替你赶走他们的。”乍听，这句话似乎很平常，但实际上，则是这个男孩的“醋话”，聪明的女孩儿一般都能听出个中含义，而如果这个女孩喜欢这个男孩，在听到男孩这些话后，自然会和其他男孩保持距离；而如果她对男孩并不在意，通常一笑了之。

在我国，男女青年热恋，一般较少像西方国家那样，十分明确地告诉对方“我爱你”。这种方法虽直截了当，但由于戳破了那层纸，便因此失去了神秘感而索然无味。因而，示爱的方法多采用话不挑明，却让对方在焦急中意会。

用心说话

在恋爱中说些醋话，也是感情的体现，能让心爱的人感受到你对他的爱意，加深彼此的感情。

的确，恋爱中的双方谁都不愿最先捅破那层纸，痛快淋漓地表露心迹。有许多本可成为美满姻缘的恋人，往往会在这种僵持中丧失勇气，错失了大好时机。而这种暗示则成了人们避免羞怯的一个好方法。

那么，我们应该如何利用这一心理策略，巧妙又委婉地向对方暗示爱意呢?

1. 因人而异，注意“醋话”的度

曾经有人这样说：每个人都是一个独立的容器，容器的形状有别，容量自然不同。当一个茶杯碰上一个水杯，即使茶杯已倾尽所能，水杯还是觉得不够。相反，水杯却能轻易把茶杯斟满，只有两个体积相似的容器遇上，才能各得其所。也就是说，不是每一个人都愿意接受你的“醋话”的暗示，当然，这需要我们自己把握。

另外，正如每个人对酸性食物有不同的反应，有些人喜欢吃面时多加醋，只因想调调味道，有些人加了一点就感到酸溜溜，只因牙齿过敏。

同样的道理，相同的一件事，在别人身上能增添几分情趣，对有些人而言却是翻江倒海。

比如，如果一段时间里你们关系紧张，你说过重的醋话，可能会导致对方自信心不足，也可能使其变成了惊弓之鸟……

2. 因时而异，别让对方会错意

也就是说，针对双方关系的深浅，对于这种“醋话”的暗示，也是有要求的。

如果彼此关系不深，我们应该注意调节心理距离，不要说些“醋意”很浓的话，不然就会引起对方的反感，女性使用会给人以轻浮之感，男性则会被看作纨绔子弟。

用心说话

图中的示爱方式正是运用醋意来达到目的的，也的确十分特别。既能较自由地透露自己的心迹，又避免了樱桃好吃口难开的羞涩。实际给对方设下了悬念，让对方领会其意。使得他们在恍惚迷离中沉浸于一种神秘而又甘甜的意趣中。如果一语道破，反倒会产生一种失落感。

同时，我们要注意说话的氛围，说话时要放松情绪，调节气氛。消除双方因顾虑过多而过于谨慎的心情是非常必要的，约会时的一次“冷场”，往往会给双方带来较为严重的负面情绪。这种负面情绪会使双方行为退缩，进而影响以后约会的语言表达能力。

总之，如果我们能掌握利用醋话来暗示爱情这一心理策略的话，能给心爱的人吃一颗定心丸，这对于双方关系的促进是极有帮助的！

参考文献

[1]刘艳华.沟通心理学[M].天津: 天津科学技术出版社, 2017.

[2]晋翔.沟通心理学[M].北京: 海潮出版社, 2016.

[3]成正心.活学活用沟通心理学[M].北京: 电子工业出版社, 2016.

[4]苏拉.一语胜千言: 巧用沟通心理学[M].北京: 电子工业出版社, 2015.

[5]谭忠秀.每天10分钟精通沟通心理学 [M].北京: 人民邮电出版社, 2011.